本书为2022年度辽宁省教育厅基
（项目编号：LJMKR202209

新时代
高校思想教育工作
内容创新研究

寇福生　孙作青 / 著

九州出版社
JIUZHOUPRESS

图书在版编目（CIP）数据

新时代高校思想教育工作内容创新研究 / 寇福生，
孙作青著. -- 北京 ：九州出版社，2023.11
    ISBN 978-7-5225-2496-2

    Ⅰ．①新… Ⅱ．①寇… ②孙… Ⅲ．①高等学校－思
想政治教育－研究－中国 Ⅳ．①G641

    中国国家版本馆CIP数据核字(2023)第212437号

新时代高校思想教育工作内容创新研究

作　　者	寇福生　孙作青　著	
责任编辑	李　荣	
出版发行	九州出版社	
地　　址	北京市西城区阜外大街甲 35 号（100037）	
发行电话	(010)68992190/3/5/6	
网　　址	www.jiuzhoupress.com	
印　　刷	永清县晔盛亚胶印有限公司	
开　　本	880 毫米×1230 毫米　32 开	
印　　张	6	
字　　数	153 千字	
版　　次	2024 年 2 月第 1 版	
印　　次	2024 年 2 月第 1 次印刷	
书　　号	ISBN 978-7-5225-2496-2	
定　　价	58.00 元	

前　言

　　进入新时代，我国高校思想教育工作面临的形势发生了深刻变化，迫切需要进一步创新高校思想教育工作的内容。

　　学习习近平总书记近年来关于青年教育及高校思想政治工作的系列讲话，坚持立德树人根本任务，全面构建五育并举育人体系，紧密结合新时代高校思想教育的实践发展，高校思想教育内容的创新应涵盖思想教育、政治教育、道德教育、法治教育、文化教育、心理教育等诸多方面。

　　新时代高校思想教育内容是一项历久弥新的研究课题，是由多层次要素构成的理论系统，各要素既相互独立，又相互联系。新时代高校思想教育内容体系贯穿立德树人的根本理念，是落实五育并举的有效举措。只有围绕新时代高校思想教育内容的各要素不断优化，才能构建起体现中国风格、体现时代风范、回应社会需要、服务学生成长的、具有内在逻辑的新时代高校思想教育内容体系。

目　录

第一章　以塑造学生思想观念为核心的思想教育

第一节　塑造体现新时代内涵的世界观

一、新时代大学生世界观的深刻内涵

1. 新时代

习近平总书记在十九大报告中指出："经过长期努力，中国特色社会主义进入了新时代，这是我国发展新的历史方位。"一直以来，以习近平同志为核心的党中央勇于进行具有许多新的历史特点的伟大斗争，统筹推进"五位一体"总体布局、协调推进"四个全面"战略布局，提出一系列新理念新思想新战略，出台一系列重大方针政策，推出一系列重大举措，推进一系列重要工作，解决了许多长期想解决而没有解决的难题，办成了许多过去想办而没有办成的大事，推动我国改革开放和社会主义现代化建设取得了历史性成就，推动党和国家事业发生了历史性变革，推动中国特色社会主义进入新阶段。这个新阶段与改革开放近 40 年来的发展既一脉相承，又有很大不同——党和国家事业发展从指导思想、理念思路、方针政策、体制机制、根本保证到社会主要矛盾、社会环境、外部条件等各方面都发生了巨大变化，发展水平、发展要求更高，呈现出新的时代特征。党中央准确把握这些新的时代特征，做出了"新时代"的科学论断。

2. 新时代大学生

新时代大学生成长的时代背景是全球化、多极化、多元化、信息化。作为中国的新兴一代，在中国特色社会主义展现出新气象的环境下，在我国改革开放事业全面深化的情况下，在互联网与新媒体技术开启新纪元的背景下，思想文化的交锋和交融更为紧密激烈，这些都使新时代的大学生形成了特有的行为方式和思想心理，呈现出了新的特征。

3. 新时代大学生正确的世界观

第一是热爱伟大祖国。在几千年的历史进程中，中华民族形成了特有的以爱国主义为核心的伟大民族精神。爱国主义不仅是一种崇高的思想品德与精神品质，更是作为精神灵魂，引领我们为实现中华民族伟大复兴和"两个一百年"奋斗目标奋勇前进。十年树木，百年树人，要在每一个大学生的心里埋下爱国的种子，培养一批又一批德才兼备的社会主义接班人，把实现人生理想与热爱祖国紧密联系在一起，在奋斗路上为祖国助力。

第二是树立远大理想。远大的理想是青年奋斗路上最重要的精神支撑，也是他们不断进步的动力源泉。志当存高远，如今的新时代青年比历史上任何时期都更接近中华民族伟大复兴的目标，作为新时代青年的主力军，当代大学生应当比历史上任何时期都信心百倍。要时刻坚定新时代大学生的理想信念，使其在顺境中不骄傲不浮躁，在逆境中不消极不怠慢，经得起时间和实践的考验，勇敢面对前进道路上的一切困难，同祖国和时代一起成长与进步。

第三是担当时代重任。新时代的大学生要敢于担当、勇于担当。新时代把历史使命交给当代大学生，是党和国家对青年的信任，也是党和国家给予青年的历练机会。无论任何时代、任何国家，青年永远都是富有创新创造活力和责任担当意识的群体。习近平总书记曾说过："青年兴则国家兴，青年强则国家强。青年一代有理想、有志气、有担当，国家就有前途，民族就有希望。"新时代大学生要把习近平新时代中国特色社会主义思想作为思想指引，脚踏实地，努力担负起民族复兴的大任，为实现中国特色社会主义现代化建设的宏伟蓝图添砖加瓦。

第四是勇于艰苦奋斗。我们党在长期的革命、建设过程中形成了艰苦奋斗的优良传统和作风。作为新时代的见证者、开创者、建设者，大学生群体应该继承并发扬艰苦奋斗的优良作风，不仅要保持勤俭的生活准则，踏实的工作作风，更要树立正确的利益观念，积极的精神状态，乃至追求高尚的奋斗目标，这是实现"中国梦"的必经之路。

第五是练就过硬本领。青年是提高能力、增长才干的黄金时期，正值青年时代的大学生们应抓紧每一分钟投身学海，努力学习。学习是新时代大学生应该苦练的首要本领，不仅能增强工作能力还能提高解决问题的水平。其中最根本的，也是最重要的就是学习贯彻习近平新时代中国特色社会主义思想，根据理论联系实际去学习，真正把科学理论学懂学透，进一步转化为指导实践、提升本领的强大力量。

第六是锤炼品德修为。品德修为的好坏，不仅事关青年人能否形成正确的世界观、人生观、价值观，还事关青年人能否积极健康地发展、成长成才，更事关国家未来的发展能否朝着预期的方向前进、人民幸福生活的愿望能否得到满足。"国无德不兴，人无德不立。"当代大学生应当牢记习近平总书记的谆谆教诲，锤炼品德修为，明大德、守公德、严私德，追求更有高度、更有境界、更有品位的人生，在实现个人理想的同时为实现"中国梦"做出应有贡献。

二、新时代大学生树立正确世界观的重要价值

在中国特色社会主义进入新时代的历史大背景下，在大学生中开展教育，引导其树立正确的世界观，对于提高大学生的思想觉悟与意志品质、推进我国的现代化建设、保证我国沿着社会主义道路发展有着重要的意义。新时代大学生树立正确世界观的重要价值表现为个体价值和社会价值两种基本形态。

1. 个体价值

（1）帮助大学生树立正确的人生方向

对新时代的大学生开展正确的世界观教育，首先能够使其坚信马克思主义，拥护中国共产党的领导，坚持社会主义道路，坚信在习近平新时代中国特色社会主义思想引领下，基于"中国梦"的伟大目标与个人追求一定能顺利实现，并为其付出努力。其次，对于西方不良社会思潮的侵蚀，他们会在思想上自觉抵制，进一步坚定中国特色社会主义思想，并且通过对新时代精神的学习和理解，清楚地认识到个人之间、个人与社会、个人与国家之间的相互关系，

了解个人理想追求与国家、民族前途命运之间的联系，进而树立正确的价值取向，为人生前进提供正确的方向。

（2）帮助大学生构建充实的精神家园

从个体来看，个体对理想信念、精神文化等价值取向内化的结果表现在精神家园的构筑上。在新时代，培养大学生正确的世界观是大学生精神家园建构的重要方法和重要过程。培育新时代大学生世界观要使中国传统文化所追求的"意义世界"融入大学生的精神世界，自觉追求崇高精神，使"有意识的精神生活"成为生活主流思想，从而使"存在的意义"灌注到自身的生活世界和生命活动中。

（3）帮助大学生增强积极的精神动力

所谓精神动力是指思想、理论、理想、信念、道德、情感、意志等精神因素对人从事的一切活动及社会发展产生的精神推动力量。它是在一系列内外条件作用下，在推动社会实践活动中，一定的社会历史主体培育、引导和开发蕴藏于特定主体精神世界的精神要素中产生和形成的。从新时代大学生世界观的内涵角度来看，培育大学生新时代世界观不仅能增强大学生作为中国人的骨气，还能激发和增强大学生的主人翁意识，提高社会责任感和时代使命感，增强大学生自身的包容性和凝聚力，使大学生勤劳勇敢，保持积极向上、发奋图强的进取状态，赋予大学生锐意进取、追求创新的勇气，激发大学生求真知、务实干的精神力量。

2. 社会价值

社会价值是个体价值的延伸和验证，这一实践活动作用于新时代中国特色社会主义经济、政治、文化、社会、生态等建设事业，是在社会发展过程中，各方面显示出的多维度价值的总和。

（1）经济价值

经济价值的主要表现为：有效推动社会生产力的发展，促进生产关系变革与发展、推动正常经济秩序和良好经济环境的建立、推动生产力中人的素质提高。大学生世界观培育的经济价值通过引导大学生形成脚踏实地、艰苦奋斗的意志品质，树立实事求是、与时俱进的科学态度，确立突破常规、锐意进取的创新观念来表现。目的在于让大学生更好地学习和及时掌握前沿科技知识，从而有效实现高质高效的生产。新时代下，大学生正确的世界观能够增进对深化供给侧结构性改革等内容的认识，进而增强大学生理解和贯彻新发展理念的自觉性和积极性，促进社会主义经济制度的自我完善。

（2）政治价值

培养大学生树立正确世界观的目的在于使他们形成对中国特色社会主义的政治共识，使大学生具备基本的政治理论知识，树立政治参与的主体自觉性，形成坚定的政治信仰，从而成为国家政治发展中的储备人才。所以通过向大学生传播中国特色社会主义思想，引导大学生积极参与政治生活，切实担负起实现中国梦的时代责任。

（3）文化价值

新时代大学生世界观培育在推动中国特色社会主义文化发展中有着重要的实际意义。培育大学生新时代世界观，与确保主流文化的指导地位和导向引领作用有着关键的联系。这个培育过程使中华传统文化中的思想根基等逐渐转化为大学生的主流意识与文化架构，使大学生自觉实现对传统文化的传承与弘扬，并针对现代化建设进行转化与创新，使之更加适应现代社会的潮流，推动我国先进文化建设与文化软实力的提升，最终展现为我国的文化自信。

（4）生态价值

要求大学生树立正确的道德意识和生态保护意识，对于国家的自然资源要进行保护。要使大学生了解保护生态环境的相关理论知识，进而实现投身生态系统维护的行列中去，成为新一代环境保护者与自然生态建设者，积极为创造优美的生态环境贡献力量。在思想上要提高大学生保护和建设生态环境的责任意识，使其体会到生态保护迫在眉睫的实际状况，坚定树立习近平同志提出的"绿水青山就是金山银山"的生态发展理念，使大学生牢固树立尊重自然、顺应自然、保护自然、实现人与自然和谐共生的生态文明理念。树立正确的世界观对于带动全社会构建人与自然和谐发展的现代化建设新格局，推进中国特色社会主义生态文明建设方面达成共识、产生合力有着关键作用。

三、新时代大学生世界观的塑造方法

世界观的塑造是一个长期的过程。大学生正处于成长期，经济转轨、社会转型的时代背景，社会整体转型等多种因素对于思想仍未稳定的大学生来说，有着重大影响。

1. 发挥家庭基础性作用

家庭教育是人的思想形成的第一阶梯，增强家长对于孩子初期的思想教育对于后期大学生世界观的形成有着关键作用。所以进行正确的思想教育是家庭教育的一项重要内容，也是引导孩子形成正确的世界观的第一步。通俗来说，一个家庭对孩子早期的思想教育和家庭环境会直接影响其今后的成长和世界观的形成。真善美是人性最美好的领域，是形成优秀思想的土壤，家庭启蒙思想教育应以"真、善、美"为基础核心。世界观作为家庭启蒙教育的展现，关于"真善美"的认识不仅是在家长的指导下形成的，还包括在生活实践中对其认识的逐渐积累。也就是说，家庭的世界观教育，要让孩子弄清楚什么是正确的什么是错误的，什么是美什么是丑，建立正确的荣辱观，对孩子的成长做出最基础的正向教育指引。随着年龄增长，孩子也会随着时间的变化和周围环境的影响发生变化，对于大学生来说，接触的事物会激增，思想也会发生大幅度地动荡，这时候就需要家长对孩子思想的变化有一定的感知力，能够及时洞察他们的变化，在了解其想法，弄清楚引起其变化的原因后，对于非主流的思想能与子女进行愉快融洽的沟通，进行正确的指引和教育，能帮助其针对面临的事情进行分析和辨别，并运用自身良好的素质引导其发展。

2. 发挥学校主渠道作用

学校作为大学生受教育的主要渠道，对大学生的思想政治教育起关键作用，这也是学校作为教育机构的灵魂所在。首先，学校要对大学生的思想政治教育高度重视。要坚持以人为本的教育理念，使中国特色社会主义的理想信念在每一名大学生的思想教育中占据根本位置，并以此为基础引导大学生树立正确的世界观，在培养过程中逐渐使其形成高尚的道德情操。其次，要建设优秀的教师团队。在课堂教学上，可以在引入热点事件的同时，跟进社会主流观念，用鲜活的例子进行指导。真正实现在传授知识的同时，使教学形式更加生动活泼，让学生在不知不觉中陶冶情操、养成良好行为习惯，帮助学生将其内化为正确的世界观。再次，学校针对思想政治教育课程的安排进行管理体系的创建和完善。不仅要求思想政治教育工作在日常的教育管理中占有重要地位，还要求学生进行马克思主义理论课和思想品德课的学习。马克思主义理论课和思想品德课的涉及范围广，难易梯度大，适合全面开展教育工作。各学校可以根据情况，制定教学计划，安排不同的年级以不同的形式开展不同的教学内容。

3. 提供良好的社会舆论环境和制度保障

市场经济与市场社会是两个不同的概念，要作以区分。因为人不都是经济动物，社会也不完全是按照市场原则来构建的，所以要遏止市场化对其不该染指的领域的渗透。完全按照市场化原则来推进的话，世界观就失去了存在的基础与价值，所以社会要提供良好的舆论和制度保障对于大学生的世界观教育尤为重要。

4. 加强网络道德教育与管理

思想政治教育的载体因为网络时代的到来呈现更丰富的形式。传统载体与新媒体各有不同，而青年群体对于新兴媒体快捷、方便、短时高效的方式更加青睐。载体的多样选择也成为新时代下大学生世界观教育面临的新方向。

新媒体迅速崛起下，互联网成为当代大学生获取信息、相互联系的重要方式和主要渠道。但是网络上充斥着很多虚假信息和不良内容，甚至存在一些对我国社会主义事业中伤和诽谤的内容。一些大学生辨别是非的能力有待提升，导致网路上一些虚假内容阻碍了其正确世界观的形成。因此，健全互联网法律，创立积极健康的网络环境是培养大学生世界观的重要条件。网络新闻的传播需要法律的支持，有关部门要加大对传播虚假新闻、不良内容的处罚。同时要加强对网络错误言论的制止，以社会主义核心价值观引导广大网民，确保新闻传播的真实、可靠、安全，为广大青年大学生营造健康、积极的互联网教育环境。

第二节　塑造符合新时代要求的人生观

一、新时代大学生人生观的社会特点

1.人生观的概念

人生观作为人们对人生问题的根本视角和态度，以人生为对象，是人们生活的目的、意义和价值的理解和看法。作为人生发展的指导观念，人生观涉及人生实践和社会生活等广泛领域，有着非常丰富的内涵。根据每个人的时代背景、社会地位、社会经验，观察人生各种问题的角度不同，对人生的看法也不同。因此，具体来说，人生观是人们对自己的社会地位，人生的目的、意义、态度，人生的最终目标、理想相关的现象进行的价值判断和选择，是在认识和评价个人与社会、集体、与他人的关系时所具有的基本的观念。因此，人在不同时期可能拥有不同的人生观。人生观的表现形式多种多样，人生观的内容极其丰富广泛。

人生观的具体表现都是包含自我价值和社会价值两个方面，是个人发展与社会发展的统一。如何对待和处理人生，每个人都会理性思考，并形成自己的观点和态度，然而无论何种人生观都是人生目的、人生价值、人生态度的有机统一体。

2. 当代大学生人生观

处于新时代的大学生是人类命运共同体的青年成员，是互联网世界的宠儿，是新媒体新技术应用的中坚力量。当前，我国经济取得了跨越式发展，经济增长速度和经济总量在全球范围内都居于前列。在经济总量不断增加的同时，人们工作和生活的其他方面也发生了深刻而巨大的变化。

在这样的社会背景下，大学生的人生观呈现出了一些崭新的特点和特征。首先，在人生态度上，当前大学生生活在一个科技发达、工业文明普及、物质生活稳步提高的时代。在这一时代背景下，大学生群体的人生态度以自信、乐观、积极向上的态度为主。总体上来看，大学生对自己的人生充满信心和希望，认为自己的人生具有无限潜力和可能。其次，在人生目的上，呈现出多元化的特点。新时代的大学生视野不断开阔，对人生意义的追求上也呈现出多元化趋势。大学生的主体意识、自我意识不断增强，对人生意义的理解更加求真务实，将自己的人生目标落实到实际行动中。最后，目前我国正处在社会的转型期，社会上各种思想浪潮、信息良莠不齐，造成了少数大学生对人生价值认识的误区。

人生观教育是高校思想政治教育的重点内容之一。大学生在接受高等教育的过程中，会受到周围客观环境因素的影响而形成的对人生目的、人生价值、人生态度的思考。在人生观逐渐形成时期的大学生，确立怎样的人生观，怎样正确认识个人和社会、集体、他人的关系，正确认识和实现人生价值，对大学生的健康成长和社会发展具有非常重要的意义。

二、新时代大学生人生观的影响因素

1. 家庭教育因素

相较于大学四年，大学生的人生观的形成，更多会受到家庭因素的影响。子女的价值取向和人生态度在家长的思想观念、为人处世、作风行为的影响下潜移默化地改变着。如果家风淳朴，则会形成勤俭节约的人生观，如果家风奢靡，则很容易形成铺张浪费、享乐主义的人生观。学校应努力减少家庭带来的负面影响，纠正不良家庭教育形成的负面人生观。

2. 学校教育因素

学校是大学生接受人生观教育最主要、最具影响力的渠道，大学阶段是学生人生观形成的重要时期，决定了今后进入社会工作与组建家庭的观念状态。学校的学风、校风、校园文化直接影响大学生的人生观。大学生在学校的时间相对较长，同学来自五湖四海，学校环境就如同一个小社会。学生在群体生活会接触到更多的观念思想、行为状况，这些都会对其观念产生影响。教师的素质和素养、教风、教学活动、课外活动也对大学生的人生观有着明显的导向性。教师在课堂上对一些社会现象、社会思潮的评价，对大学生人生观有着很大影响。每个老师的教育方法、思想态度都会在一定程度上影响学生。高校思想政治理论课堂是大学生价值观教育的主渠道，学生关于人生问题的集中探讨和交流主要在课堂上进行。因此，学校教育是影响大学生人生观的一个重要因素。

3. 网络环境因素

随着互联网信息技术的高速发展，人们已经进入了"互联网+"大数据时代。新媒体环境对对当代青年人生观的影响越来越大。

一方面，大数据时代，新媒体所传播的知识量、信息量都达到了新的高度，是广播、杂志、电影等传统媒介的成千上万倍。大数据时代为人生观教育提供了丰富多彩的资源，丰富了大学生人生观教育的内容。新媒体有着独特的"放大效应"，在微博、微信上对一些正面社会现象、社会人物、事件的宣传和推广，有助于大学生提高思想素质，树立正确的人生观。

另一方面，新媒体媒介传播内容的海量性和庞杂性也对大学生正确人生观的培育提出了挑战。新媒体的即时性、自主性特征为大众提供了更多话语自由，可以说网络是一个各种思想和信息的"大杂烩"。新媒体中各种信息鱼龙混杂、良莠不齐，不良的社会舆论环境对大学生人生态度、思想观念和行为选择有着不良影响。

4. 社会因素

信息化时代，人们的生活水平以及生活方式有了翻天覆地的变化。社会的发展也影响人们人生观的形成，人们的生产、学习、生活等都离不开社会。大学生的人生观形成是在当下社会因素的潜移默化的影响中逐步形成的。各种社会上正面或者负面的新闻，网络上的观点、评论、思想等外在因素都会与学生的内在因素结合产生发酵作用，进而影响学生的人生观。

三、新时代引导大学生树立正确人生观的教育方法

高等教育的目的是培养高素质的人才，新时代加强大学生的人生观教育极具迫切性。未来，大学生将成为社会建设的中坚力量。大学生在校期间只有树立了正确的人生观，加上学到的专业知识，才能更好地服务于国家，服务于社会。所以，大学生在校期间树立

正确的人生观具有深远的意义。引导学生树立正确的人生观，可从以下几个方面着手：

1. 理论与实际结合

人生观作为思想层面的教育内容，需要落实到实践层面上，在教育指导中，要充分结合实际生活的行为、现象，根据实际情况进行讨论，仔细观察学生的思想状况，同时进行目的更明确的分析研究，进而实现有效指导的作用。避免空谈理论和思想，根据需要引进古典故事、新闻案例等，使整个教育过程更加生动有趣。

2. 注重师生互动沟通

对于人生观教育，大学生更多地希望进行有针对性的沟通，真正地解决实际问题。教师可以在课堂上抛出问题或者话题，引发学生思考，了解学生的想法，而后做出针对性的分享或者引导；教师可以通过多种方式与学生进行互动沟通，充分利用当下互联网平台的便捷性。教师还可以通过问卷调查，收集学生的想法，以此做出反馈，而后课堂教学内容可以针对学生的想法做出安排。对教师而言，要以身作则，以高尚的品德人格魅力影响学生。同时，高校要加强文化建设，开展一些对学生身心健康有意义的活动，在校园内形成良好的学习氛围，树立学生对学习的自信心。

3. 注重网络平台的运用

伴随着信息社会的发展，新媒体走进了人们生活的日常，加快了信息传播的速度，缩短了世界的距离。面对当代网络信息的冲击，教师应充分了解学生日常喜欢关注哪些网络媒体平台，多关心学生的生活、兴趣、思想，从而更好地开展大学生人生观教育。新媒体如今已经成为教师和学生喜爱的教学手段之一，教师可以利用新媒体平台播放视频、进行课堂调研以及测试等方式提升人生观教育的实效性。同时，网络上还有丰富的教学资源，教师可以收集这些素材，完善人生观教育教学内容。

第三节 塑造彰显新时代意蕴的价值观

一、新时代大学生价值观的理性认识

新时代大学生是社会主义事业的建设者与接班人，习近平总书记指出："青年的价值取向决定了未来整个社会的价值取向，而青年又处在价值观形成和确立的时期，抓好这一时期的价值观养成十分重要。"高校思想政治教育工作的重要任务之一就是引导大学生树立正确的价值观。党的十九大报告中提到"要努力把社会主义核心价值观转化为人们的情感认同和行为习惯"。党的二十大报告中提出"用社会主义核心价值观铸魂育人，完善思想政治工作体系，推进大中小学思想政治教育一体化建设"。塑造彰显新时代意蕴的价值观，是高校立德树人根本任务的重要体现。

价值区别于具体事物，是指事物有意义的性质，这种性质一般通过其影响其他事物的功能体现出来。价值的主体是人，价值是主体见之于客体的主观需要。通常意义上，对人有意义的事物被认为是有价值的。价值主体通过一定的价值标准，做出相应的价值判断，最后做出符合自身需要的价值选择。价值观则形成于价值主体的判断和选择过程中。价值观在人们长期的实践中形成、变化和发展，不同时期、不同国家的价值观各不相同。价值观对人的思想行

为具有指导、调节作用。

在马克思主义的相关论述中，也包含对价值观的思考和回应。马克思主义在关于价值观的相关论述中首先提到，价值观与利益观具有内在统一性。马克思认为人的一切活动都与他的自身利益相关，他并未否定利益，而是强调个人正当合理的利益，个人的利益也要符合全人类的利益。其次提出个人价值与社会价值的统一。关于个人与社会的关系问题，马克思认为人具有自然性和社会性双重属性。随着时间的推移，一个人在成长的过程中，身份的增加导致其社会属性比例的增长，这个时候必然会出现个人利益和社会利益之间的矛盾，有时候不得不在两者之间做出选择。在面对个人利益和社会利益选择的时候，马克思认为在资本主义社会，个人价值与社会价值是完全对立的，而个人真正的价值在于对社会的贡献。最后，马克思提出价值的现实性与理想性的统一。如果一个理想失去了它存在的价值那么不论这个理想多么远大，它的实现注定是没有方向性的，没有现实意义的。而没有价值的现实性，价值理想就会变成空谈。因此，马克思既突出强调了价值的现实性，又突出强调了价值的超越性。这对于引导新时代大学生形成正确的价值观，以及为价值观教育提供理论启发，仍具有借鉴意义。

价值观在本质上是一种社会意识和价值意识，具有社会历史性、相对稳定性的特点。不同的研究领域、研究视角对价值观作出的分类各不相同。在社会科学领域，美国社会学家帕森斯等学者认为，价值观可分为个人取向价值观、集体取向价值观和社会取向价值观；中国社会科学院社会学研究所"当代中国青年价值观念演变"课题组将中国青年价值观的类型分为生活价值观、自我价值观、政治价值观、道德价值观、职业价值观、婚姻和性价值观；黄希庭等学者在结合前人的研究与自身探索的基础上，认为价值观主要包括人生价值观、政治价值观、宗教价值观、职业价值观、道德价值观、人际关系价值观、审美价值观、婚恋价值观、自我价值观和幸福价值观等类型。

2. 新时代大学生价值观教育的内涵和基本要求

新时代大学生价值观教育是指教育者按照新时代社会发展和大学生成长的需要，正视价值观教育目标和内容的现实变化，引导大学生价值观的发展与新时代发展相适应的社会实践活动。而对大学生价值观的教育主要从个体和社会层面回应新时代需要的变化。

从个体层面回应新时代大学生价值观教育的要求，主要从思想观念、行为选择和社会化过程三方面理解。首先，价值观是思想观念的核心内容。不同时期的人们的思想观念各异，要教育引导新时代大学生的思想观念与社会转型发展面临的实际状况相适应，做好应对国内外发展环境大变化的思想调适和准备。其次，价值观对人的行为选择具有指导作用。新形势下，国内外环境纷繁复杂，正确价值观的传播受到多种消极因素的影响，在多元价值理念中要坚持正确的价值观，避免历史虚无主义、普世价值、个人主义、新自由主义等错误思潮在大学生思想中的蔓延，引导大学生努力践行社会主义核心价值观。最后，价值观对于个人融入社会的过程具有重要的导向意义。一个人真正实现社会化的过程就是其接受所在社会价值观的过程，即个体的价值观只有与所在社会的价值观一致，才会成为这个社会的人。

从社会层面回应新时代大学生价值观教育的要求，主要从树立共同奋斗目标与调动大学生积极性两方面入手。树立共同奋斗的目标有利于大学生群体凝心聚力，为实现"中国梦"贡献力量。调动新时代大学生奋斗的积极性，为时代发展提供内在动力。此外，为教育引领新时代大学生拥有共同的奋斗愿景，就要调动其积极性，关切不同环境变化下的大学生的真实需要与利益诉求，对其合理需求尽可能满足和实现，而对于一些无理甚至是错误的要求要及时纠正和教育。

二、新时代大学生价值观教育的重要意义

高校是多元思想和知识交流传播的密集地，多种价值观念和社会思潮在这里碰撞交融。高校肩负着培养中国特色社会主义事业的建设者和接班人的使命，引导大学生树立正确的价值观具有重要意义。

1. 为青年发展指明方向，有利于青年的成长

新时代青年价值观的培育是依据党和国家的方针政策、法律法规进行的，培育机制需符合社会发展要求，符合人民的发展利益。社会主义核心价值观为青年价值观的培育指明了方向，同时也规范了青年的行为，为青年树立正确的价值观打下坚实基础。社会主义核心价值观从个人、社会、国家三个层面进行了相应的规范，在青年价值观的养成中具有重要的导向作用，青年可以把相应的准则对应到自己的生活、学习、工作中，适时对照反省自己的思想、行为状况，及时发现问题，有效地解决并改正。

2. 促进大学生全方面进展

价值观属于人的思想意识范畴，人的部分实践是在价值观的引

导下进行的。大学生的思想尚未完全成熟，价值观很容易受到外界不良因素的干扰。他们更加开放、自信和包容，但也存在价值判断混淆、价值态度易动摇和价值选择世俗功利的行为特点。因此，要加强大学生价值观教育，引导大学生自觉践行社会主义核心价值观，拧紧"总开关"，补足精神上的"钙"，扣好人生第一粒扣子，利用正确的价值观分析指导自己的学习、生活和未来选择。

3. 推动"中国梦"的实现

中国梦的实现需要价值观的引领。一方面，价值观将每个人凝聚在一起，为中华民族的伟大复兴汇聚磅礴力量，另一方面，价值观的发展也为每一位新时代大学生"中国梦"的实现提供了价值标准。"中国梦"富有的精神内涵与价值观的教育内容相互联系，关系紧密。价值观教育可以为"中国梦"的实现注入源源不断的精神动力，将每一位大学生的梦想汇聚成共同信念，凝聚成现实奋斗的精神动力。实现"中国梦"的远大理想为新时代大学生价值观的教育提供了现实目标，也为"中国梦"的实现奠定了精神基础。在价值观教育方面，大学生需要适应时代要求，树立正确的价值观，自觉践行社会主义核心价值观。此外，价值观的教育也为大学生的行为选择提供了价值标准。"中国梦"的实现是一个艰辛且漫长的过程，要通过价值观教育使大学生认识到"中国梦"实现的长期性和曲折性，在实现"中国梦"的进程中将个人理想与现实相结合，将精神动力注入自我发展和社会进步之中，推动"中国梦"的实现。

4. 增强文化自信的基本要求

党的十九大报告指出："文化是一个国家、一个民族的灵魂。没有高度的文化自信，没有文化的繁荣兴盛，就没有中华民族的伟大复兴。"党的二十大报告指出："推进文化自信自强，铸就社会主义文化新辉煌。"培养新时代大学生对社会主流价值观的自信是建设文化强国，培养新时代大学生的文化自信的根本。通过引导新时代大学生将价值判断、价值标准、价值选择和现实发展态势相融合，生成价值观教育正确发展的内在逻辑，使价值观自信教育更具说服力和感染力，能够增强新时代大学生的文化自信心。

三、新时代大学生价值观的引导路径

1. 增强理论知识教育

马克思曾经提出，理论知识只要能够说服群众，就能够对其进行有效地掌握，而理论知识只要够彻底，就能够说服人。高校在开展价值观教育时，应该结合学生特征进行理论知识的教育，引导学生把个人价值与社会价值相互联系，理清其之间的价值关系，以此为标准解决个人与集体之间的相关问题，通过这些来引导个人的发展，进而推动社会的进步。教师在进行价值观教育的同时要与时俱进，及时更新主流的价值观念，并传递给学生，增强青年对社会主义核心价值观的理解和认同。要以科学先进的知识理论体系去指导大学生处理在社会中面对的多种问题，不断引导青年学生践行社会主义核心价值观。

2. 强化社会实践教育

大学生对于社会主义核心价值观的认知、情感升华和行为认同都依赖于在社会实践中的自发验证。将价值观教育贯穿到社会实践活动中，不仅能使枯燥的价值观教育变得鲜活有力，青年在价值观教育活动中也能感受到放松，在轻松愉快的环境中自觉践行社会主

义核心价值观。高校思想政治教育工作者要通过创新和丰富教育形式，引导大学生在实践过程中主动将个人的理想信念和价值追求与社会主义核心价值观融合在一起。高校思想政治教育工作者要通过策划实践活动、规范活动流程，提升大学生对社会主义核心价值观认同。例如，举办一些学习交流会、知识抢答竞赛、演讲会等，有效加深和巩固学生对价值观的理解。高校思想政治教育工作者要注重通过案例对比、榜样示范来培养大学生在实践过程中的良好行为习惯，通过行为监测、效果验证等矫正大学生在实践过程中的不良行为习惯，保证新时代大学生思想、行为、品德和社会主义核心价值观要求一致。

3. 有效利用网络方式

随着时间的推移，社会环境在新的时代背景下发生了巨大的变化，对于新时代大学生的价值观影响因素也在发生变化，价值观教育要根据实际变化情况，有针对性地调整方法。随着当今网络信息化的大面积推进和学生学习的需求逐步扩大，高校应该在学生的日常教育学习中将社会主义核心价值观融入到网络平台当中，使网络成为社会主义核心价值观的教育载体，全方位推进主流价值观的影响范围，使学生在潜移默化中受到社会主义核心价值观的感染，进而形成正确的价值观。对于社会主义核心价值观的基本内容和重要价值在网络上的表现形式要进行大胆的创新和推进。网络作为现实与虚拟世界的桥梁，连接着现实社会和网络社会。但是随着时间的推进，网络的呈现形式也在发生变化，随着移动平台与新媒体平台的兴起，学生接收网络信息的形式也发生了变化。正值青年的大学生们，对于一切新鲜事物都充满着好奇，也正因为这个年纪的特点，大学生对于新鲜事物的接受能力，接受速度、学习能力都是非常强的。所以，高校要针对这一特点，推动价值观教育形式的创新，充分了解学生的兴趣，把社会主义核心价值观教育融入到他们日常所用的网络平台中，进而激发学生对价值观学习的积极性。当下学生的社交大部分依靠线上社交平台进行，那么我们就可以对学生其生活状态常用的社交平台进行全方位了解，把社会主义核心价值观教育融入到社交平台当中。在学生的日常生活中进行渗透式教育，使学生在不知不觉中受到感染，进而引导他们对正确的价值观有更深层次的认识和理解。

第二章　以铸牢学生理想信念为核心的政治教育

第一节　在政治学习中突出理想信念

一、树立对待理论的科学态度

政治学习的先决条件是要引导学生树立对待相关理论的科学态度，端正态度是政治学习的基础性和前提性环节，是激发大学生进行政治理论学习的兴趣，提高动力，提升效率的重要保证。要帮助学生抵制"马克思主义无用论"及"马克思主义过时论"等错误观点，正确认识马克思主义理论所具备的科学性、革命性、实践性、人民性、发展性，抵制把马克思主义教条化的错误倾向。

马克思主义是一门不断丰富发展的学说，是一个科学的理论体系。从阶级性视角来看，马克思主义作为行动指南是就无产阶级自身解放，就全人类的解放，就实现每个人自由而全面的发展所提出的。从马克思主义自身的研究对象及其主要内容与观点来进行分析，马克思主义是科学的、无产阶级的世界观、方法论，用以解释有关自然、社会以及人类思维发展的一般规律，同时这一学说也指出社会主义必然代替资本主义最终实现共产主义。

马克思主义在社会实践的基础上，孕育出了有关自然、社会以及人类思维发展本质的科学的准确的反映，同时也在其自身的发展过程中不断总结实践的新经验。马克思主义科学世界观与方法论的核心在于辩证唯物主义、历史唯物主义，这也是马克思主义的理论优势，同时是其鲜明特征，体现了马克思主义的高度科学性。马克思主义在自身完善与发展的过程中不断融入人类科学最新成果（包括自然科学、社会科学），马克思主义以事实作为判断依据，以实践作为检验手段，准确把握规律的对象，其本身具备科学探索性。

马克思主义揭示了人类社会发展的一般规律，勾勒了一幅宏伟的社会主义蓝图，但却未能向我们展示具体的实现过程。但是马克思主义中蕴含的事物发展的一般规律和性质仍然可以给予我们对事物的预测性和前瞻性。目前，我们仍然要坚持在马克思主义理论的指导下，结合中国国情，坚持走中国特色社会主义道路。青年学生树立正确的世界观将得益于马克思主义关于唯物主义立场、观点以及方法论，不可以让"实用主义"等观点否定马克思主义的意识形态的领导地位。

教条主义就是不调查和研究具体的事情，而是为了解决问题而机械地应用已有的原则和概念的思想。从根本意义上来说，教条主义是一种僵硬的态度。教条主义的基本表现是不反思社会主义运动的经验和教训，不去观察历史的曲折前进，以及背后隐藏的传统社会制度本身的问题，不去分析一些社会制度的合理成分。针对发展和变化了的客观现实，只知道固守经典的马列主义和毛泽东思想的几乎全部内容，用完全不变通的想法来反省它们。

毛泽东同志在《反对本本主义》一文中明确对提出了批评，明确了在学习马克思主义的过程中要结合中国的实际情况。要引导青年避免陷入对马克思主义教条化的漩涡，要坚持以发展的眼光对待理论，洞察社会，形成对马克思主义继承发展的良好态度。

二、明确政治学习的主要内容

1. 要学习马克思主义基本原理

要清晰并明确的是无产阶级和全人类解放这一目的是马克思主义科学研究和实践活动的向度。哲学是无产阶级和全人类解放的起点，政治经济学是无产阶级和全人类解放的中介，科学社会主义是无产阶级和全人类解放的终点。哲学、政治经济学、科学社会主义作为构成马克思主义基本原理体系三个主要组成部分联系十分紧密，应作为整体和不可分割的体系进行全面学习。对马克思主义的错误认识或者偏知偏见往往产生于对马克思主义理论体系整体性的忽视，更可怕的是偏见距离真理的距离比无知更加遥远。作为重中之重的马克思主义理论的核心部分的科学社会主义，需要学习者认真体悟、细致研究、良好把握，因为这是作为中国特色社会主义理论根基的存在。马克思主义哲学和政治经济学作为思想武器指导人们认识和改造世界的基础就是科学社会主义的明确清晰的指向。

2. 学习中国化的马克思主义理论

马克思主义是中国共产党的核心导思想，对其充分运用需要将马克思主义思想同中国革命与改革的实际情况进行有效结合，并逐步探索出马克思主义中国化的思想路线，从而有效地指导社会主义建设工作的开展。毛泽东思想、邓小平理论、"三个代表"重要思想、科学发展观以及习近平新时代中国特色社会主义思想作为马克思主义中国化的伟大成果是新民主主义革命以来的创举，是被实践证明了的有效指导思想。马克思主义中国化与中华文化紧密交融，在马克思主义中国化的进程中人民群众是力量之源，与时俱进是不竭动力，要继续坚持马克思主义基本原理同中国具体实际相结合，清楚认识在我国经济与社会建设中马克思主义发挥的重要作用，深入感受理解并加强整合马克思主义中国化的新发展，对马克思主义的进一步发展提出新的认识。要积极引导和带领大学生深入我国革命、建设和改革的具体实践，准确把握马克思主义中国化的成果，立足中国实际，深入领会马克思主义中国化各项成果的深刻内涵。不断加强学生运用马克思主义中国化的有关成果指导实践的能力，帮助他们以坚定的政治立场、高度的政治自信、敏锐的政治眼光面对世界和看待社会。

3. 要加强学习习近平新时代中国特色社会主义思想

习近平新时代中国特色社会主义思想是马克思主义中国化的新的阶段性理论成果，是马克思主义中国化的最新历史性飞跃，在新时代具有极其重要的历史地位。党的十九大将这一重要思想正式载入党章。大学生必须深入学习这一新思想，对这一思想的学习既与其自身的成长和发展紧密相关，又牵涉到整个社会的稳定与发展，更关系到民族复兴这一伟大征程的推进。

大学生要在了解"新思想"的基础上，自觉接受"新思想"，并在认知、情感和行为上趋同于"新思想"的基本要求。大学生作为社会主义事业的接班人，中华民族伟大复兴的主力军，加强对"新思想"的学习是十分有必要的。

三、掌握政治学习的科学方法

要认真学习领会马克思主义经典著作。马克思主义是我党带领中国人民进行革命、建设与改革事业的强大精神力量，是我党全部指导思想的理论基础。党的历任领导人都反复强调研究马克思主义经典的重要性。研究经典著作有助于加深对马克思主义基本原理的理解，以及对马克思主义中国化理论成就的理解，增强对马克思主义中国化的坚持和发展，加强对马克思主义的坚定不移和自觉性，有助于增强理想信念，保持党的先进性，经受各种考验，有助于培养和训练科学的思维方式，提高理论思维的水平，坚持正确的政治方向和理论指导。

对经典作品的研究将有助于加深对马克思主义基本原理的理解，并在中国实现马克思主义理论的延续和发展。经典作品是马克思主义的渊源，阅读经典著作可以了解马克思主义原著产生的基本原理和背景，明确经过反复实践检验的马克思主义的基本原理、基本特征和基本方法。

对经典著作的研究和阅读将帮助大学生坚定理想信念。在经典文献的阅读过程中可以大幅提高大学生对人类社会发展规律、社会主义建设规律，以及共产党执政规律的认识。经典著作中有许多关于规律的准确论述，内容极其丰富，要加强学习，深入理解。通过对这些规律的把握，进而认识社会历史发展的趋势，明确社会主义取代资本主义的发展趋势，清晰把握青年一代承担的历史使命，自觉秉承全心全意为人民服务的根本宗旨，为实现共产主义的宏伟目标和建设中国特色社会主义努力奋斗。

对经典著作的研读能够帮助大学生提高理论思想水平，增强大学生理论认识与理论信心，并不断培养和训练科学思维。在当下倡导发展高水平的文化意识和文化自信的背景下，国家富强、民族复兴依赖与理论思维水平的提高。深入学习马克思主义经典与马克思主义中国化著作将帮助学生深入了解辩证唯物主义和历史唯物主义的世界观和方法论，有助于客观地、辩证地分析问题，在面对复杂多变的现实情况下采取正确的方法及对策，规避思想观念上的错误，真正做到主客观、理论和实践的统一。

研究经典著作有助于提高辨别各种社会趋势，并保持准确的政治方向及理论方向。改革开放之后思想文化领域面临着艰巨的任务，要在马克思主义的科学指导下持续加强和推动社会主义文化建设和思想理论的建立，同时还要抵制西方敌对思想的渗透，防范封建残留思想的危害，制止错误价值理论的趋势，巩固马克思主义的领导地位。

阅读经典著作要强调阅读的目的不是简单通读，而在于运用。要在阅读和应用书籍解释现实世界问题的过程中，将理论与现实联系起来，从现实出发，强调基于实践的理论创新，反对教条主义和经验主义，坚持马克思主义立场，坚持马克思主义基本观点。准确地把握我国社会主义建设水平和基本国情，准确地掌握改革发展的实际情况，立足于党的领导的最新经验，明确马克思主义是什么以及如何发展，不断进行新理论的总结，增强理论的说服力和吸引力，丰富中国特色的社会主义理论体系，更深刻地认识和改造世界，促进党和国家的事业发展。

高校的思想政治教育工作者要带领大学生群体自觉刻苦、主动深刻地学习马克思列宁主义、毛泽东思想、邓小平理论、"三个代表"重要思想、科学发展观、习近平新时代中国特色社会主义思想，坚定马克思主义信仰，加强马克思主义的应用，成为合格的社会主义建设者和接班人。

第二节　在历史感悟中增强理想信念

一、学习社会主义发展史，坚定社会主义共同理想

尽管自从提出社会主义概念以来还不到 200 年，但是自从人类产生没有剥削和压迫的美好社会理想以来已有 2000 多年的历史，提出 500 年社会主义发展史是根据社会主义概念的实际含义界定的。

社会主义是资本主义的一个相对的概念，以个人为中心的个人主义是资本主义的起点，与其相对的社会本位与社会主义，社会主义是比资本主义更先进的社会形式，因此，它容易使人们认为，只有灭亡资本主义，社会主义才能够出现，至少要比资本主义晚得多。实际上，事实并非如此，无论是社会主义还是资本主义，都是我们世界历史孕育产生的。15 世纪与 16 世纪之交——大航海——是民族历史到世界历史的转折点，资本主义在 14 世纪开始萌芽，大航海时代资本主义真正地破土而出。一般普遍认为哥伦布在 1492 年发现美洲之后，资本主义开始大大发展。

马克思说，资本来到世间，从头到脚，每个毛孔都滴着血和肮脏的东西。也就是说弊端是资本主义从一开始就具有的，相应的批判和试图推翻资本主义的社会主义就应运而生了。因此，社会主义

的历史一般是 500 年，通常我们可以追溯到 1516 年。因此，社会主义 500 年的概念是科学的。

要引导学生掌握社会主义六个时间段的发展脉络，进一步坚定社会主义共同理想。

第一个时间段是空想社会主义的产生和发展，自 1516 年托马斯·莫尔的《乌托邦》直到 1848 年的马克思恩格斯的《共产党宣言》发表前都是空想社会主义，有 330 多年的历史，占据社会主义 500 年发展史的三分之二。这一时期手工业发展成为机械大工业，西方封建制度向资本主义制度过渡。在资本主义发展史上是资本主义原始积累的时期，在社会主义发展史上是空想社会主义的时期。

第二个时间段是马克思恩格斯建立了科学的社会主义理论体系。恩格斯指出，要把社会主义转变为科学，首先要把它置于现实的基础上，实际上，就生产力而言，机械大工业渐渐成为主流，生产变成了社会化大生产。工人阶级队伍随着生产力的发展迅速扩大，工人运动也迅速发展；在 19 世纪 30、40 年代，欧洲的三大工人运动爆发，欧洲工人阶级自此登上政治舞台。马克思恩格斯看到了时代的风潮，开创了科学社会主义。1845 年马克思恩格斯撰写的《德意志意识形态》首次提出了历史唯物主义，并解释了人类社会发展的一般规则。科学社会主义诞生的标志是 1848 年《共产党宣言》发表。剩余价值理论在 1867 年由马克思出版的《资本论》第一卷中得到了系统解释。科学社会主义理论体系的系统阐释则是在 1880 年恩格斯发表的《社会主义从空想到科学的发展》中，实现了社会主义从空想到科学的飞跃。

第三个时间段，列宁领导十月革命胜利并实践社会主义。19

世纪最后 30 年，第二次工业革命蓬勃兴起，世界从"蒸汽时代"进入"电气时代"。与此相适应，资本主义由自由竞争向垄断转变，资本主义的发展进入到以垄断为特征的帝国主义时代。作为帝国主义薄弱环节的俄国成为社会主义革命的温床。1917 年爆发了二月革命，推翻沙皇统治，但软弱无力的资产阶级无法解决日益激化的国内各种经济、社会、政治矛盾，列宁毫不迟疑地领导了十月革命。十月革命的直接成果就是建立了苏维埃联邦社会主义共和国和苏维埃社会主义共和国联盟，诞生了世界上第一个社会主义国家。十月革命打破了资本主义一统天下的世界格局，社会主义从理论变为现实。十月革命后列宁领导布尔什维克先后实行了"战时共产主义"和新经济政策，探索社会主义建设道路。

第四个时间段，苏联模式逐步形成。斯大林在列宁逝世后，逐步放弃了新经济政策，建立了以单一的生产资料公有制、自上而下的指令性计划经济和权力高度集中的政治体制"三位一体"的苏联模式，以及重工业优先的发展战略。苏联模式逐步形成不完全是斯大林个人意志的产物，更多是苏联国情、历史传统和时代特征的产物。苏联模式的短期成功导致大多数人忽略了其暴露的潜在问题，反而将其神圣化为社会主义的普遍原则和基本制度。苏联在赫鲁晓夫时期以及勃列日涅夫早期的改革都没能真正触及苏联模式的核心。苏联解体证明这种模式背弃了十月革命道路的初心——为生产力发展开辟道路，为最广大人民群众谋幸福。

第五个时间段，我党在新中国成立后对社会主义的探索和实践。十月革命一声炮响，给中国送来了马克思列宁主义，社会主义在中国用了 30 多年时间从思潮、运动发展到制度，为社会主义实现从一国到多国的发展作出了突出贡献。如何建设社会主义是新中国成立后面临的崭新课题。最初，我们依赖于借鉴苏联的经验，但很快就发现了苏联模式在实践中具有诸多局限，提出了以苏联为借鉴，独立探索适合我国国情的社会主义建设道路。我党产生了关于怎样建设社会主义的重要认识是以毛泽东发表的《论十大关系》《关于正确处理人民内部矛盾的问题》为标志的。我党在其后的具体实践中虽然历经坎坷，但取得了积极宝贵的成果，这些都为开创新的历史时期，开辟中国特色社会主义奠定了重要的基础和准备。

　　第六个时间段，我党作出改革开放的历史性决策、开创和发展中国特色社会主义。第三次科技和产业革命是向新一轮科技和产业革命迈进的时代，是和平与发展成为主题的时代，是两种社会制度长期并存、合作和斗争的时代，给社会主义提出了全新的问题。制度优势是一个国家的最大优势，制度竞争是国家间最根本的竞争。社会主义要发展，必须证明自己能够比资本主义更快地发展生产力，更有效地提升综合国力，更好地满足人民需要。中国特色社会主义通过一系列重大理论创新，系统回答了时代之问。社会主义本质理论、社会主义初级阶段理论、社会主义改革开放理论，革命性地改变和深化了关于什么是社会主义、怎样建设社会主义的认识，实现了在社会主义最根本问题上的思想解放。公有制为主体多种所有制经济共同发展理论、按劳分配为主体多种分配方式并存理论、社会主义市场经济理论三位一体，是对科学社会主义规范理论的革命性发展，为真正超越苏联模式、跟上时代步伐提供了基本理论支撑。社会主义政治发展道路理论、社会主义核心价值观、社会主义和谐社会理论、社会主义生态文明理论、人类命运共同体理论等，吸收了人类文明成果的重大创新，开辟了科学社会主义的新领域。党的领导和党的建设理论进一步厘清了共产党和社会主义的关系，进一步深化了对执政党建设规律的认识。中国特色社会主义理论开辟了马克思主义新境界，把对社会主义的认识提高到新的科学水平。改革开放以来，中国创造了人类历史最大规模、最快速度的现代化建设奇迹，初步用实践证明了社会主义的优越性。

二、学习中共党史，坚定共产主义远大理想

在新时代我们需要坚定信仰、把握信念、树立信心，学习党史有助于进一步提升精神定力。党史中蕴含了丰富的精神养分，囊括了我党的治党理念、经验与智慧，是全党极其宝贵的精神财富。在革命、建设及改革的各个重要阶段，中国共产党团结带领全国各族人民精确判断、把握规律，不断总结经验吸取养分，推动中国特色社会主义事业不断前进。我们要吸取一贯的历史经验，不断学习领会运用党的历史为当前的事业作指引。

作为中国特色社会主义事业建设的后备力量，大学生群体要对党史培植深厚的情感，并对社会主义事业建设抱有坚定信心。只有引领大学生群体认真学习党的历史才能使其认识到我党带领全体中国人民一路走来积累的经验与智慧，从而促使广大青年学生坚决拥护党的领导，坚持用马克思主义中国化最新成果武装思想。

从最初只有50余名党员的小党到如今发展壮大为拥有远超9000余万党员的执政党，中国共产党在领导中国人民从事革命改革和建设的各个时期经历了无数的困难、挑战与挫折，同时党也成了全体中国人民拥护的核心领导力量。一路支撑中国共产党人和中国人民的强大精神力量就是对马克思主义的坚定信念以及对共产主义事业的必胜信心。在这样坚定的理想信念的指引下，一代代中国共产党人前仆后继，克服万千险阻，不断实践、奋斗、超越，不断接近中华民族伟大复兴的美好愿望，从根本上改变了中国和中国人民的面貌与命运。党史中蕴含的强大精神力量足以支撑我们在新时代不忘初心、牢记使命，在新的奋斗征程中不断续写新的辉煌篇章。

要珍惜党史留下的宝贵财富，继续推进我国现代化建设。一直以来，我党都非常重视在党史中寻求经验。通过对党史的学习我们会更加清楚我们从哪里来，到哪里去这个方向的问题，明确为什么资本主义在中国行不通，为什么要选择社会主义，为什么要走中国特色社会主义道路，为什么要改革开放等发展的历史问题，坚定信念和信心，勇敢肩负历史使命，借鉴党史的宝贵经验服务党和国家，服务中国特色社会主义现代化建设，坚定走中国特色社会主义道路。

感悟党的历史，全面推进从严治党。只有感悟历史之重才能体会责任之重，中国共产党是我国现代化治理的领导力量，也是带领人民走向未来的带头人，要保持党的领导能力就要坚持党的纯洁性和先进性。回顾百年党史，我党在队伍建设上取得成就的最重要原因就是抓好党的建设。打铁还需自身硬，在新时代我们更要保持清醒的头脑，继续加强党的建设。

在大学生群体中开展党史学习，注重引领思想舆论。当前要更加重视思想引领，重视意识形态建设相关工作，要坚决抵制错误思想的侵袭，坚决反对传统守旧主义、历史虚无主义等。要引导广大青年学生坚持运用历史唯物主义的观点，高举中国特色社会主义伟大旗帜，坚定理想信念、明确政治立场，为实现中华民族伟大复兴的中国梦提供信念支撑。以党史为经验参考能够很好地帮助广大学生坚定马克思主义的信仰，支撑他们的思想建设，保持正确的舆论倾向。

三、学习新中国史，坚定对中国特色社会主义的信心

中华人民共和国史就是 1949 年中华人民共和国成立后，中国人民在中国共产党的领导下进行社会主义革命、建设和改革的历史。新中国的成立翻开了中国历史的新篇章，标志着世界无产阶级运动达到了新的历史位点。中国人民的革命斗争以及整个世界格局的新变化极大地鼓励了亚非拉各民族追求独立的热情，鼓舞着他们进行革命。"二战"后，在世界范围内诞生了一批社会主义国家，新中国成为社会主义阵营中的中流砥柱。新中国的成立为社会主义阵营增添了新的力量与潜能。

在新中国成立之后的一段时间，中国经受了帝国主义国家的遏制甚至封锁，但中国人民迎难而上不屈不挠，坚定地维护了国家的独立以及民族的尊严。在国际范围内，新中国也为维护世界和平做出了贡献，中国人民坚持邪不压正的斗争精神，鲜明地反对帝国主义、殖民主义以及霸权主义，在很大程度上将第三世界国家紧密团结起来，为世界社会主义发展壮大了力量。

社会主义运动在苏东剧变后陷入低潮，许多社会主义阵营国家改旗易帜，改变了国家属性，在这样一个复杂的历史时期中国坚持走社会主义道路，排除障碍及干扰，不断壮大自己。中国既坚持科

学社会主义基本原理，又推动了马克思主义的新发展，为 21 世纪科学社会主义的新发展开辟了新的境界。科学社会主义在新中国焕发出强大的生机与活力，标志着科学社会主义继从空想到科学、从理论到实践、从一国到多国之后，迎来了从西方到东方的新变化。

社会主义的发展史就是马克思主义以及科学社会主义不断大众化时代化本土化的进程。新中国成立 70 多年，我们不断开创马克思主义中国化新境界，孕育催生了一系列新的科学理论，不断推动马克思主义中国化的发展和进步。中国共产党人在 70 多年的时光里不断以高度的责任和使命进行理论创新和实践创新，以饱满的精神和坚定的政治使命感正确回答了一系列重大的关系国家发展命脉的理论与实践问题。在一系列实践中，我党丰富和发展了毛泽东思想、邓小平理论、"三个代表"重要思想、科学发展观、习近平新时代中国特色社会主义思想，在社会主义建设和改革 70 多年的过程中，我党探索和形成了解决一系列重大理论和实践问题的若干创新性理论。特别是党的十八大以来，以习近平同志为核心的党中央围绕治党治国治军、内政外交、改革发展等方面提出了一系列新的观点、理念和战略。这些全新的理论创新为进一步夺取新时代中国特色社会主义伟大胜利，奋力实现中华民族伟大复兴的中国梦提供了理论支撑和保障。

正确认识党情国情、准确判断我们所处历史方位的需要。习近平总书记指出，"了解我们党和国家事业的来龙去脉，汲取我们党和国家的历史经验，正确了解党和国家历史上的重大事件和重要人物。这对正确认识党情、国情十分必要，对开创未来也十分必要"。新中国的历史既是中国共产党和中国人民用鲜血和汗水写就的中华民族发展史上的壮丽篇章，也是中国人民在新时代继往开来、不断前进的现实基础。只有准确把握新中国的发展进程，才能了解党和人民在社会主义革命、建设和改革开放进程中，是怎样根据中国的国情，历经艰辛探索，开创和发展中国特色社会主义的，才能准确判断所处的历史方位，作出科学决策。准确认识和把握历史规律的需要。

新中国70多年的发展历程是党和人民把马克思主义基本原理与中国实际和时代特征相结合，推进社会主义革命、建设、改革的伟大事业，创立、发展并不断完善中国特色社会主义的过程；是中国人民当家作主，走自己的路，努力建设社会主义现代化强国，不断取得胜利的过程；也是党总结历史经验，把握历史规律，不断增强治国理政能力的过程。新中国史蕴含着宝贵的历史经验，是推动我们事业不断发展的巨大精神财富。只有学习研究好新中国史，才能真正理解"中国共产党和中国人民不仅善于打破一个旧世界，而且善于建设一个新世界"；才能明白历史都是人民书写的、历史总是向前发展的；才能坚信中国特色社会主义道路是实现社会主义现代化和中华民族伟大复兴中国梦的必由之路；才能不断深化对人类社会发展规律、社会主义建设规律和共产党执政规律的认识，自觉遵循历史规律办事。

敢于担当责任、积极开创未来的需要。回顾历史是为了总结历史经验、把握历史规律，增强开拓前进的勇气和力量。只有全面了解中国人民筚路蓝缕、艰苦创业的历程、取得的成就与进步、经历的困难与风险，才能深刻认识到新中国来之不易、中国特色社会主义来之不易，才能明白为什么"共和国是红色的，不能淡化这个颜色"；只有深刻认识中国从站起来、富起来到强起来的艰辛探索和历史必然，才能深刻体会中华民族伟大复兴不是轻轻松松、敲锣打鼓就能实现的；才能明白建成社会主义现代化强国，实现中华民族伟大复兴，是一场需要许多代人努力的接力跑，需要以功成不必在我的精神境界、功成必定有我的历史担当，一步一个脚印向着美好未来和最高理想前进。

　　中华人民共和国史在学习的重点内容上也有着特殊性。学习新中国史要学习中国探索社会主义建设道路、争取实现民族复兴的历史。新中国史说到底就是中华民族求复兴的历史，要和中华民族五千多年文明史、近代以来百年斗争史联系起来学。毫无疑问，中华人民共和国史是中华民族历史进程中的一部分，且是极为辉煌的一部分，是正在不断发展着的中国通史的一部分。中华人民共和国的成立，为近代历经磨难、饱受屈辱的中华民族实现民族复兴创造了前提条件。新中国成立后，中国共产党领导人民进行社会主义革命，走上了社会主义道路。这是由历史条件、现实国情和人民意愿决定的，也是为了早日实现中国的工业化、现代化即民族复兴。工业化、现代化即民族复兴的实现又可以为中国社会主义事业的发展和人民生活的改善提供物质保障。可以看出，探索社会主义建设道路、争取实现民族伟大复兴这一线索是贯穿新中国史的主线。在中华人民共和国 70 余年的历史进程中，中国人民的生活发生了翻天覆地的变化，国家各项制度从无到有、日趋完善，同时也有着为维护国家利益和良好发展环境的斗争。通过学习新中国史，能够厚植爱国主义精神，激发人民群众积极投身到实现中华民族复兴的伟业之中。

四、学习改革开放史，坚定对中华民族伟大复兴中国梦的信心

改革开放史是从 1978 年中共十一届三中全会后，中国共产党领导人民推进改革开放和社会主义现代化建设的过程。改革开放无疑是中国共产党、中华人民共和国和中华民族历史上具有重大意义的大事件。在学习党史、新中国史的基础上，还要学习改革开放史，这样才能更加深刻理解中国特色社会主义为什么"好"。学习改革开放史既能够全面了解改革开放 40 多年来的光辉历程和伟大成就，也有助于深化对其他"三史"的学习。从党史角度看，能够深刻认识党作出改革开放这项重大战略抉择的历史背景、决策部署和发展历程，正确认识改革开放前后两个历史时期的关系，深刻领会改革开放是"我们党的一次伟大觉醒"。从新中国的角度看，能够深刻认识改革开放给中国人民的社会生活、中华民族的精神面貌带来的巨大变化，深刻领会改革开放是"中国人民和中华民族发展史上一次伟大革命"。从社会主义发展史的角度看，能够深刻理解改革开放与中国特色社会主义之间的关系，认识改革开放是坚持和发展中国特色社会主义的必由之路。正是因为有了改革开放，中国特色社会主义才能够在世界社会主义发展史上形成重要地位。

改革开放史是开创和发展中国特色社会主义的历史。改革开放是距离我们最近的历史，变化迅速、分化剧烈，留存的信息庞大而复杂。对这段历史，明确其中主题主线，才能够在纷繁复杂中把握脉络，纲举目张。改革开放史的总体研究要围绕着这一主题和主线谋篇布局，分期划段要体现这一主题和主线的发展变迁。改革开放的历史分期，应当在开创和发展中国特色社会主义这一主题主线基础上，深刻把握十九大作出的"中国特色社会主义进入了新时代"

的重大判断，形成改革开放历史分期的新认识。改革开放史的专题研究要沿着这个主题和主线细化深入个案，研究要呈现这个主题和主线的丰富性与复杂性。改革开放以来的经济、政治、社会、文化发展的每一个专题研究，改革开放以来的区域史、企业史、群体史的每一个个案研究，最终都要纳入开创和发展中国特色社会主义这一大主题中思考其意义与逻辑。改革开放史研究要着眼于说明中国特色社会主义道路的开创探索过程、中国特色社会主义理论体系的形成发展过程、中国特色社会主义制度的完善建设过程以及中国特色社会主义文化的生成建构过程。改革开放史的研究应通过对历史过程的深入梳理、对历史经验的深刻总结、对历史规律的深层思考，坚定中国特色社会主义的道路自信、理论自信、制度自信、文化自信。

改革开放史是中国共产党与时俱进探索前进的历史。中国改革开放的历史是在摸着石头过河中渐进式、波浪式前进的。"摸着石头过河"是中国改革开放相当长时期的突出特点，先突破、再认可，先试验、再总结，从农村到城市、从沿海到内地、从局部到整体不断深化，造就了改革开放历程的探索性、渐进性、曲折性的鲜明特征。在探索中前进的特点，使改革开放进程在思想认识上体现为不断解放思想、凝聚共识的历程。不解放思想就没有办法实事求是，解放思想是启动改革的思想钥匙。与解放思想、与时俱进相对应，强调凝聚共识，在很大程度上是立足于当前改革任务，但改革开放历程本身确实存在着在解放思想的同时不断凝聚共识的一面。在探索中前进，也意味着改革开放只有进行时没有完成时，同时，在认识世界和改造世界的过程中，旧的问题解决了，新的问题又会产生，制度总是需要不断完善，因而改革既不可能一蹴而就，也不可能一劳永逸。中国特色社会主义进入了新时代，我国社会主要矛盾已经转化为人民日益增长的美好生活需要和不平衡不充分的发展之间的矛盾。新的主要矛盾的解决之路也只能是继续改革开放，推进新时代中国特色社会主义的新发展。

改革开放史是中国人民伟大实践伟大创造的历史。人民群众是改革开放事业的实践主体，马克思主义的人民史观和人民立场可谓一脉相承。改革开放历史认识中的人民史观体现为充分认可改革开放进程中群众的首创精神。改革开放以来，中国有 7 亿多人口摆脱贫困，13 亿多人民的生活质量和水平大幅度提升，几十年时间完成了其他国家几百年走过的发展历程。继续推进改革，要坚持"广泛听取群众意见和建议，及时总结群众创造的新鲜经验，充分调动群众推进改革的积极性、主动性、创造性，把最广大人民的智慧和力量凝聚到改革上来，同人民一道把改革推向前进"。

改革开放史是顺应世界大势开放发展的历史。改革开放是顺应世界发展大势的结果。我们确立了和平与发展是时代主题的判断，才有改革开放新时期的开启。我们顺应经济全球化发展大势，积极争取加入世贸组织，才打开了对外开放的新天地。我们把握世界的大发展大变革大调整的形势，提出构建人类命运共同体和"一带一路"倡议，日益走近世界舞台中央。对外开放在中国改革开放历史中具有特殊重要的意义。以开放促改革、促发展是改革开放历史的重要经验。中国的发展得益于对外开放政策，对外开放的政策必须长期坚持。

中国革命、建设、改革是一个接续奋斗的历史过程，因此，新时代高校改革开放史教育应使学生认识到改革开放前后两个历史时期的内在联系，认识到改革开放是近百年来中国人民从站起来、富起来到强起来的进程中极其重要的部分，认识到改革开放之前的历史对改革开放之后的历史具有积极的、正向的影响，引导学生坚持用辩证的眼光看待历史，科学把握历史必然性与历史偶然性、历史与现实的关系，力避以今日之视野苛求前人，做到不用改革开放后的历史时期否定改革开放前的历史时期，也不用改革开放前的历史时期否定改革开放后的历史时期。"历史活动是人民群众的事业"是唯物史观的一个核心观点，也是新时代高校加强改革开放史教育的出发点。坚持唯物史观，用正确的历史观教育学生、丰富的历史文化滋养学生，关系到培养什么样的人、为谁培养人的根本问题。青少年阶段是人生的"拔节孕穗期"，也是价值观形成的关键时期。新时代高校应从人民史观、学生主体地位的角度，将加强改革开放史教育作为自身的政治责任来对待，践行全心全意为人民服务的根本宗旨，从党和人民的鱼水深情中恪守人民情怀，系统阐述改革开放史本身就体现出了全体中国人民创造历史的智慧与力量，引导学生抓住中国特色社会主义进入新时代的历史变革时机，把握历史发展大势，继续以改革开放的姿态走向未来，领跑改革开放再出发，努力担当民族复兴大任的时代新人。

高校是新时代开展改革开放史铸魂育人与宣传的重要阵地，也应成为改革开放史的传播高地。新时代高校加强改革开放史教育，通过准确把握和分析改革开放的历史主流、时代主题、宝贵经验和改革开放进程中遇到的新问题，从而展示马克思主义与改革开放伟大实践相结合的波澜壮阔的历程。所以，新时代高校加强改革开放史教育的过程就是马克思主义中国化、时代化、大众化的展示教育过程。新时代高校加强改革开放史教育，把改革开放史教育与世情国情党情教育紧密结合起来，用学生容易理解和乐于接受的方式进行教育与宣传，使学生了解中国特色社会主义事业的来龙去脉，从而使学生深知中国特色社会主义道路来之不易，弄清楚艰苦卓绝是什么、怎么来的，启迪和引领学生厚植爱国主义情怀，自觉将自己融入党和国家的伟大事业中去。因此，新时代高校加强改革开放史教育，要把马克思主义基本原理与中国正处于并且将长期处于社会主义初级阶段这个最大的实际相契合，在"两个一百年"的伟大征程中推进马克思主义中国化、时代化、大众化。在新时代，中国如何凝聚起改革开放的共识关系到改革开放的成效乃至成败。当前，各种错误思潮加强渗透并企图影响中国的道路选择，高校开展改革开放史教育面对的群体也成长在价值多元的时代中。改革开放是当代中国最紧迫的时代课题，不等待犹豫者、观望者和懈怠者。今天，中国各族人民为实现中国梦而努力奋斗中国梦蕴含着深刻的历史意识、时代意识和超越意识，高校应教育学生从百年兴衰史中认识改革开放史、把握国家发展方向。新时代高校加强改革开放史教育，立足情与行，引导学生学史，使学生充分认识到自身所肩负的历史使命，增强担当意识、自强意识，以及建功立业的勇气，使学生在新时代全面深化改革扩大开放的实践中推进马克思主义中国化、时代化、大众化。

第三节　在国际比较中坚定理想信念

一、正确认识中国发展大势

第一，中国发展的主题是中国特色社会主义。从党的十三大报告到党的二十大报告可以发现，每次报告的标题中都有一个共同的范畴——中国特色社会主义。这就告诉我们，十三大以来的每一次党代会都是把中国特色社会主义作为主题和主线的。

邓小平同志是中国特色社会主义的创立者。中国特色社会主义是改革开放以来中国最根本的发展战略和发展大势。十八大以来，习近平同志把坚持和发展中国特色社会主义形象地比喻为一篇"大文章"，他说："邓小平同志为它确定了基本思路和基本原则，以江泽民同志为核心的党的第三代中央领导集体、以胡锦涛同志为总书记的党中央在这篇大文章上都写下了精彩的篇章。现在我们这一代共产党人的任务，就是继续把这篇大文章写下去。"

第二，中国发展的战略目标是实现"中国梦"。习近平总书记强调实现中国梦，必须走中国道路。必须弘扬中国精神；必须凝聚中国力量；必须紧紧依靠人民来实现，不断为人民造福。

第三，中国发展的战略布局是"五位一体"和"四个全面"。改革开放以来，党和国家先后从不同角度对中国特色社会主义事业的总体布局作出规划和部署。到十八大时，形成了包括经济、政治、文化、社会和生态文明建设在内的五位一体总体布局。党的十九大进一步作了明确和重申。"五位一体"总体布局是一个有机整体，经济建设是根本，政治建设是保障，文化建设是灵魂，社会建设是条件，生态文明建设是基础，统一于把我国建成富强民主文明和谐美丽的社会主义现代化强国的新目标。习近平同志在庆祝中国共产党成立 100 周年大会上指出，"我们坚持和发展中国特色社会主义，推动物质文明、政治文明、精神文明、社会文明、生态文明协调发展，创造了中国式现代化新道路，创造了人类文明新形态"。统筹推进"五位一体"总体布局，不仅为引领中国特色社会主义事业发展提供了遵循，也为人类文明新形态实践提供了支撑。

党的十九届五中全会强调，"统筹推进经济建设、政治建设、文化建设、社会建设、生态文明建设的总体布局，协调推进全面建设社会主义现代化国家、全面深化改革、全面依法治国、全面从严治党的战略布局"，并指出"全党全国各族人民要再接再厉、一鼓作气，确保如期打赢脱贫攻坚战，确保如期全面建成小康社会、实现第一个百年奋斗目标，为开启全面建设社会主义现代化国家新征程奠定坚实基础"。这表明"四个全面"战略布局的内涵，正式由"全面建成小康社会、全面深化改革、全面依法治国、全面从严治党"发展为"全面建设社会主义现代化国家、全面深化改革、全面依法治国、全面从严治党"。"四个全面"集中展现了习近平总书记对于治国理政的谋划、思路、理念和蓝图是推动改革开放和现代化建设迈上新台阶、开创新局面的顶层设计和战略导引。中国现在干什么？未来干什么？还会有新的方针政策出台，但基本会建立在"四个全面"战略布局的基础上。

第四，中国经济政治社会文化等各方面的战略和政策。首先，是作为战略指导思想的新发展理念。任何国家的发展都有阶段性。不同阶段的发展会有不同的挑战。在贫穷阶段，如何发展起来是最大的挑战；发展起来以后，又遇到了资源能源、生态环境、利益关系、国际环境等一系列新的挑战。在新的历史起点上，习近平总书记提出了创新、协调、绿色、开放、共享的新发展理念，以此作为迎接新挑战的思路、对策和要求。十八大以来中国政府的各项政策都是在这些理念指导下制定的。把握了这些理念就能把握中国发展和政策的基本走向。其次，是经济政治社会文化等各方面的重要战略。改革开放以来，中国在经济社会发展的各个领域都提出了很多重要的战略。

在依法治国方面明确提出全面依法治国的战略要求，党的十八届四中全会作出部署，会后各方面的措施都在落实。

在科教兴国方面，明确提出创新驱动发展战略。一个个五年规划及专项计划的实施中国的科学技术取得丰硕成果，如载人航天、深海探测、子通信、超级计算机、500米口径球面射电望远镜等等。

在区域协调方面，深入实施西部大开发、东北振兴、中部崛起和东部率先的区域发展总体战略，明确提出"一带一路"建设、京津冀协同发展、长江经济带发展三大战略努力塑造区域协调发展新格局。

在扶贫开发方面，明确提出精准扶贫、精准脱贫的思想，要求形成强大合力，打赢扶贫攻坚战，一个都不能少，确保贫困地区人民同全国人民一道进入全面小康社会。

在社会民生方面，明确提出一系列重要战略，包括强调"没有全民健康就没有全面小康"。在中国共产党第十九次全国代表大会上的报告中指出"人民健康是民族昌盛和国家富强的重要标志。要完善国民健康政策，为人民群众提供全方位全周期健康服务。"习近平总书记在党的二十大报告中强调，要"推进健康中国建设"，"把保障人民健康放在优先发展的战略位置，完善人民健康促进政策"。这些指示都是习近平总书记治国理政思想的体现和组成部分。

第五，把改革开放作为中国发展进步的活动之源。习近平总书记强调"改革开放是当代中国发展进步的活力之源"，"没有改革开放，就没有中国的今天，也就没有中国的明天"。党的二十大报告明确提出，前进道路上，必须牢牢把握五个重大原则，其中第四条就是"坚持深化改革开放"。这是更好统筹国内国际两个大局、进一步解放和发展生产力的必然要求。实现第二个百年奋斗目标、实现中华民族伟大复兴的中国梦，必须坚定不移深化改革、扩大开放。

第六，通过全面从严治党加强党对各方面事业的领导。邓小平同志说，办好中国的事情关键在党。习近平总书记进一步强调，关键在党要管党、从严治党。习近平总书记在二十届中央纪委二次全会上发表重要讲话，对坚定不移深入推进全面从严治党作出战略部署，强调要站在事关党长期执政、国家长治久安、人民幸福安康的高度，把全面从严治党作为党的长期战略、永恒课题，始终坚持问题导向，保持战略定力，发扬彻底的自我革命精神，永远吹冲锋号，把严的基调、严的措施、严的氛围长期坚持下去，把党的伟大自我革命进行到底。

对于全面从严治党重大问题，《关于新形势下党内政治生活的若干准则》对如何加强和规范党内政治生活作出了全面部署，目的是加大管党治党力度，正风肃纪、标本兼治，净化党内政治生态，确保党始终成为中国特色社会主义事业的坚强领导核心。

中国的发展战略具有长远性、战略性、稳定性的特点。十八大以来习近平总书记提出的治国理政思想，已经渗透到各方面工作中，对国家发展发挥着明确的导向和规范作用。中国共产党和国家政权机关有严密的组织系统，也有一整套党纪政纪法纪，能够确保习近平总书记治国理政思想得到认真贯彻执行。在实践中，当然也会遇到各种风险、困难和挑战。习近平总书记告诫全党，要时刻准备应对重大挑战、抵御重大风险、克服重大阻力、解决重大矛盾。所以，我们相信中国的发展大势在总体上必定是按照上述这些基本的战略方向发展。中国的未来是可期的。

二、结合对比国内国际发展大势

在百年未有之大变局的时势中，了解世界、读懂中国。在马克思、恩格斯看来，资本主义的发展必然会打破各民族各地区的原始封闭状态，一切民族都会被纳入到世界历史之中，世界历史的形成是不可抗拒的必然趋势。所以，了解世界、读懂中国，必须将中国置于整个世界的发展格局中，在世界历史中观察和研究中国和世界问题。一方面，要在大变局中把握中国发展的"变"。在中国共产党的坚强领导下，全国各族人民同心协力、不懈奋进，促使曾经贫弱的中国在政治、经济、文化、社会、生态等各个领域实现重大突破，并且经过长期努力，中国特色社会主义进入了新时代。我们前所未有地走近世界舞台中央，前所未有地接近实现中华民族伟大复兴的目标，前所未有地具有实现这个目标的能力和信心。这是当代中国在世界发展大势与民族复兴进程中的新的历史方位，也是近百年来中国经济社会发展的新变化。另一方面，也需要在大变局中把握中国发展的"不变"。习近平总书记在党的十九大报告中明确指出："我国社会主要矛盾的变化，没有改变我们对我国社会主义所处历史阶段的判断，我国仍处于并将长期处于社会主义初级阶段的基本国情没有变，我国是世界最大发展中国家的国际地位没有变。"我们应该在世界范围内不稳定性、不确定性因素增多的大环境下，立足于中国基本国情，深刻把握"变"与"不变"的辩证关系，向世界展现一个负责任的中国形象，为世界的发展贡献中国智慧和中国方案。

在全面深化改革的攻坚克难期，顺势而为、主动推进。马克思、恩格斯从生产力和生产关系相适应的角度，认为近代中国失败的根源在于落后的生产力和生产关系，以及未能及时改革生产关系以适应生产力的发展。新中国70多年来，中国已经不再是那个任人宰割的落后的中国。中国已经成为世界第二大经济体，人民生活水平显著提高、国家实力极大提升，迎来了从站起来、富起来到强起来的伟大飞跃。但是也面临着很多突出矛盾和挑战，解决这些中国社会问题关键在于全面深化改革。其一，正确把握改革开放的方向、立场和原则。我国推进的改革开放是有方向、有立场、有原则的，是在中国特色社会主义道路上不断前进的改革，既不是走封闭僵化的老路，也不是走改旗易帜的邪路。其二，继续坚持以经济建设为中心，解放和发展生产力。习近平总书记指出："全面建成小康社会，实现社会主义现代化，实现中华民族伟大复兴，最根本最紧迫的任务还是进一步解放和发展社会生产力。"我们要根据社会基本矛盾运行的现实情况，不断调整生产关系和上层建筑，从而为经济和社会的发展注入强大动力。其三，聚焦国家治理体系和治理能力现代化的目标，把握全面深化改革的内在规律和正确方法论。我们国家推进的全面深化改革不是某一个领域的改革，也不是几个领域的改革，而是从国家治理体系和治理能力现代化的角度，总体推进多领域改革，在坚定信心、凝聚共识、统筹谋划和协同推进中，不断爬坡过坎、攻坚克难。

正确认识和把握形势要坚持唯物主义方法论，从历史和现实、理论和实践、国内和国际等的结合上进行思考，从我国社会发展的历史方位上来思考，从党和国家事业发展大局出发进行思考，更准确地把握我国社会主义初级阶段不断变化的特点，认识我国社会发展的阶段性特征。

正确认识和把握形势要深刻认识到我国发展站到了新的历史起点上，中国特色社会主义进入了新的发展阶段，从历史与现实、世界与中国的分析比较中找准大势，乘势而为，促进"两个一百年"奋斗目标和伟大复兴"中国梦"的实现。

高校思想政治工作者要正确认识当今世界和当代中国发展大势，并且教育和引导学生正确科学地认识世界和中国发展大势，从我们党探索中国特色社会主义历史发展和伟大实践中认识和把握人类社会发展的历史必然性，认识和把握中国特色社会主义的历史必然性；正确认识中国特色和国际比较，全面客观认识当代中国、看待外部世界；正确认识时代责任和历史使命，自觉把个人的理想追求融入国家和民族的事业中。

第三章 以涵育学生道德品质为核心的道德教育

第一节 道德理论概述

一、道德的含义

道德是由一定的社会经济关系所决定的特殊意识形态，是以善恶为评价标准，依靠社会舆论、传统习惯和内心信念维持的调整人们之间以及社会之间的行为规范的总和。

二、道德的起源

自古以来，人们就在探讨道德起源这一重大理论问题，并提出了不同的见解或理论。"天意神启论"是伦理学史上最早提出的道德起源论，其基本主张是道德起源于上天和神的旨意，认为道德依据是上帝和"天"的意志创造的。西汉的董仲舒把封建道德纲常视为上天的意志，违背纲常就是触犯天意。"先天人性论"认为道德不依赖于人的经验，而是起源于人类的天性或自然本性，是与生俱来的。孟子曾说过"仁义礼智，非由外铄我也，我固有之也。""情感欲望论"把道德起源归于人们所固有的情感，卢梭认为道德就是人类"同情心"的产物。"动物本能论"则认为道德观念是动物本能的延续，进而把动物基于本能的活动与人类有目的、有意识的活动画上等号。综上所述，在马克思主义产生之前，关于道德起源这一问题，要么是主观唯心主义或客观唯心主义的注解，要么是旧唯物主义形而上学的分析，都无法正确揭示道德的起源。马克思主义道德观认为，人类社会的实际情况是"物质生活的生产方式制约着整个社会生活、政治生活和精神生活的过程"，因此道德的起源问题，必须从这一实际出发来认识和把握。

劳动是道德起源最重要的前提，劳动是人类社会特有的活动，劳动使人与动物分离，创造了人、社会和社会活动，也创造了道德，同时，也形成了人与人之间的关系。在原始的劳动活动中，人们形成了相互支持和制约的生活状态，随着劳动的发展，劳动分工不断加强，各种劳动关系逐渐明朗化，群体之间的利益关系日趋明朗，自由、责任等道德逐渐得到确认，因此，劳动创造了人类和人类社会，并且是道德起源的第一个历史前提。

社会关系是道德产生的客观条件，在生产和生活的实际活动中，人类必须具有各种人际关系和社会关系，根据社会劳动分工的发展，个人利益和他人利益是人与人之间的界限。个人利益和社会利益更加清晰，各种利益关系更加明显、规范、协调或限制利益冲突的意识更强，促进了人类道德的不断发展和发展。社会关系的形成和发展要求控制各种关系，道德是响应社会关系调节需求而产生的。

人的自我意识是道德产生的主观条件，意识是道德产生的前提，人在社会实践中能够充分认识到自己与动物的本质区别，并且能够认识到自己在社会生活中的角色地位，以及如何协调与他人的关系来维护自己的利益时，道德就产生了。

马克思主义道德理论是人类思想史上第一个提供关于道德起源的科学而全面的理论，为准确认识和理解道德本质奠定了基础。

三、道德的本质

道德属于上层建筑的范畴，是一种特殊的社会意识形态。为了正确理解道德的本质，在一定条件下，应该把握经济基础对道德的决定性作用和道德对经济基础的能动作用。

道德是反映社会经济关系的特殊意识形态。归根结底，道德的产生、发展和变化根植于社会经济关系。正如恩格斯所说："人们自觉地或不自觉地，归根到底总是从他们阶级地位所依据的实际关系中——从他们进行生产和交换的经济关系中，获得自己的伦理观念。"其一，道德的性质和基本原则、规范反映了与之相应的社会经济关系的性质和内容。有什么样的社会经济关系就有什么样的道德。其二，道德随着社会经济关系的变化而变化。一般说来，新旧经济关系更替之后，新的道德必将取代旧道德居于主导地位。在人类道德史上，一切道德上的兴衰起伏、进退消长，从根本上说是源于社会经济关系的变革。其三，道德作为一种社会意识，总是反映阶级社会中一定阶级的利益，因此不可避免地具有阶级性；同时，不同阶级之间的道德或多或少有些共同点，反映了道德的普遍性。正确把握道德的阶级性和普遍性及其辩证关系是理解道德本质的重要方面。其四，作为社会意识的道德，在产生时就具有相对独立性，这种相对独立性不仅体现在道德的历史继承性上，而且体现在道德对社会发展的动态反作用中。

道德是调节社会利益关系的一种特定方式；道德是一种特殊的行为规范，规范着人与人，人与社会，人与自然以及人与人之间的关系。这些行为规范、法律规范和政治规范是一种非制度性灵活的规范，是根据善恶标准进行评估的，并由社会舆论、传统习俗和内在信念所维持。社会道德是人们在长期共同生活过程中，由同一个社会或同一个居住环境中的人们逐渐依据理想的生活方式而形成的秩序，而不是作为一种方法而宣布、颁布或规定的。

道德是一种实践精神、实践意识、社会意识，通过把握世界的好坏现象来规范人们的行为，并通过人们的实践活动得以体现，是一种针对行为的精神。道德理解世界的方式是被动和动态的，它不反映世界，而是以人类需求为出发点的特定价值开始改造世界。它不是对世界的简单表示或描述，而是对世界的一种评估；道德追求基于现实的理想，并通过理想来转化和增强现实。

总之，道德是一种实践精神，是特殊意识、信念、行为准则、评价选择等方面的总和。它调节着社会关系，发展了个人素质，改善了心理状况。

四、道德的功能

道德是人类社会生活发展到一定阶段的必然结果，是日常生活的必要条件。道德在人们的日常生活中起着非常重要的作用，并具有特殊的功能和作用，道德功能是道德作为一种社会意识的特殊形式对社会发展的作用和能力，具有多元性和多维性。

1. 认识功能

人类社会发展有一定的规律，人们要维持社会的正常运转就必须遵循一定的生活准则。在学校也是如此，学校的规章制度是每个师生都应遵守的准则，为学生在学校的日常行为提供了规范指南。道德的认识最终反映到道德行为上，即一个人的行为反映其对道德的认识。学生在学校中能明辨是非，遵守校纪校规，在管好自己的同时监督其他同学，塑造尚的品德，做有道德的大学生。

2. 规范功能

道德的规范功能是指在是非善恶荣辱美丑指导下，规范社会成员在社会各个领域的行为，并促使每个人思想品德的养成，积极并促进人们向好的一面发展。道德和法律都有着规范人们的功能。随着社会的发展，公民的素质越高，道德的规范功能在社会发展中就越能发挥作用。作为一名大学生，要在日常生活中规范自己的行为，上课遵守纪律，考试要遵守考场规则，写论文要做到学术规范等等。

3. 调节功能

道德调节功能是指通过道德评价等方法指导和纠正人们的行为和实际活动，协调社会和人际关系的作用和能力，其主要形式是社会舆论，传统习俗和人们的内在信念。道德调节功能主要是调节整个社会与个人之间以及个人与个人之间的关系。社会生活中的道德调节不是孤立的，而是与法律紧密结合，共同发挥作用，道德和法律规范人们的思想行为，协调人际关系，支持社会秩序，是相辅相成，相互促进。法律稳定世界，美德丰富人心，法律是一种文明的道德，道德是心脏；有健全法律的社会才有健全道德规范的社会。

如果离开道德而仅依靠法律，那么长期来看秩序将不会稳定。

五、道德的作用

道德的作用是指道德的认识、规范、调节、激励、导向、教育等功能的发挥和实现所产生的社会影响及实际效果。道德的作用主要表现在：道德为经济基础的形成、巩固和发展服务，是一种重要的精神力量；道德对其他社会意识形态的存在有着深远的影响；道德是调剂人际关系以维护社会秩序和稳定的内在因素，道德是增进人的精神境界和促进人的全面发展的内在因素，是控制阶级斗争的重要工具。

第二节　启发学生明大德

一、"大德"的内涵及内容

"大德"是指社会个体对爱国主义、理想信念的主观认同。启发学生明大德主要包含两个方面的内容，一是培养大学生热爱伟大祖国，二是引导大学生树立坚定理想信念。

1. 培养大学生热爱伟大祖国

爱国，是亘古不变的话题，是千百年传承下来的一种强烈的热爱之情，是深深刻在每个人心中最质朴的感情。爱国不是仅仅一句口号，需要付诸于实际行动。真正的爱国是将爱国之情藏在自己的心中，将其转化成内心的力量，从日常生活中的小事做起，用行动践行爱国之心。践行爱国之心，并不是要做多么伟大的事情。历史上来看，伟人屈指可数，作为平凡人，要在平凡的岗位上做着不平凡的事情。2020 年疫情突发，在疫情期间，众多党员干部、白衣天使签"生死状"后朝着祖国最需要的地方前进，不满 20 岁的护士在疫情中不畏生死守护着病人，众多大学生也纷纷加入志愿者行列，为家乡贡献自己的一份力量，疫情无情人间有爱，这充分体现了伟大的爱国之情。对于大学生来说，当下要努力学好专业课知识，提升文化素养，为将来在社会上发光发热储备力量，厚积薄发，成为祖国的栋梁之材，为祖国的发展贡献出力量。

培养大学生爱国之情要从多个维度进行。一方面，参观学校当地的博物馆以及历史纪念馆等。例如，沈阳的大学生可以去参观九一八历史博物馆，在参观的过程中使每个人的心灵受到洗礼，让同学们认识到国家穷了就要被别人欺负，落后就要挨打。要铭记这段历史，有责任有义务守护自己的国家，发愤图强，努力学习，报效祖国。另一方面，举行主题活动，让学生充分参与到其中。例如，在五四青年节、十一国庆节等，学校团委可以组织演讲比赛、歌颂比赛等等，充分调动每一位学生的积极性，运用多种形式让学生参与到其中，提升学生的爱国之情。

2. 引导大学生树立坚定理想信念

理想信念是把未来的社会蓝图视为最高价值，高度地信服和敬仰，并以之统摄自己的精神生活，作为自己的精神寄托，矢志不渝，自觉追求的精神状态。它是对于一定社会理想的自觉认同和执着追求，是世界观、人生观和价值观的集中体现。大学生是祖国的未来，是社会主义建设者和接班人，是推动社会发展的中坚力量。新时代大学生是否有属于自己的理想信念，是否有科学的理想信念，是否能向着自己的理想信念奋进，是否能把个人理想与社会的理想融合在一起，能否把自己的前途和中华民族伟大复兴融合在一起，决定着他们能否在不久的将来真正成为中华民族伟大复兴社会发展的中坚力量。高校作为大学生的主要培养地，应当以正确的方式提高新时代大学生的思想政治水平，立德树人，厚德修能，着力绘就大学生思想政治意识的"同心圆"，培养思想道德端正，理想信念明确，为人正派，有为社会服务的决心和为国家做贡献的大学生。

随着社会的不断发展，人们的思想观念开始呈现多元化趋势，各种思潮，如拜金主义、享乐主义等等，使人们在思想上感到困惑，影响着许多人的生活。另外，在网络的迅速发展中，人们每天接收的信息越来越多，信息中有积极的一面，也有消极的一面。例如，朋友圈的"晒"一时成了热点，在朋友圈"炫富"，晒吃的、喝的、用的，晒出自己的生活而感到无比的满足。这种思想影响着很大一群人，尤其是年轻人。

没有精神和信仰，人生是有缺陷的。习近平总书记指出："新时代中国青年要树立远大理想。青年的理想信念关乎国家未来。青年理想远大、信念坚定，是一个国家、一个民族无坚不摧的前进动力。"首先，教师应该引导大学生树立理想信念。大学生群体中为何会出现在宿舍里宅着打游戏，整天睡懒觉，游手好闲，吃喝玩乐，为何放着校园里那么良好的学习环境而不去读书、学习，提升自己的文化素养，开阔自己的视野，究其根本还是心中没有理想信念，不知道自己未来要做什么，没有目标，没有理想，没有约束自己行为的意志。未来处于迷茫状态，随遇而安的心态会毁掉一个人。高校作为培养和疏导学生的地方，应帮助大学生树立起理想信念，通过励志电影或校友专题讲座等等帮助大学生。有志者事竟成，只有心中有理想，脚下才有力量，才能向着向往的人生目标奋进，最后取得成功。其次，要树立科学的理想信念。何为科学，即理想信念要与时代潮流相匹配，要与社会主义制度相吻合，要合理合法。从古至今，好人坏人是如何判定的，英雄与小人又是如何判定的。英雄树立的是科学的理想信念，是符合时代需求的理想信念，而小人也是为了自己的目的而努力过，但他的努力是错误的，是与时代不相符合的，所以是不科学的。大学生要把自己的理想信念与社会联系在一起，同国家和民族的命运融为一体，树立科学的理想信念。再次，要根据自己实际情况设定自己的理想信念。在树立理想信念时，不能走极端，既不能，理想信念太高，以至于根本无法达到，也不能理想信念太低，不用努力就可以达到的。这两种都是极端的错误的、不正确的。树立理想信念的时候要结合自己的实际情况，只有这样，才有动力去执行，去奋进，去实现。最后，要把自己的理想信念付诸行动。理想信念是埋藏在每个人心中的一道光，不只是一句口号。理想信念要付诸行动，要付出加倍的努力才能实现。作为大学生，要知道目前最重要的任务是什么，就要好好学习，多读书丰富思想。只有在思想上进步，在行动上才可以快人一步，在实现理想信念路上才会一路绿灯，顺利通行。

二、启发学生明大德的意义

当代大学生是 21 世纪的开创者，是国家和民族的希望。大学生不仅要掌握丰富的科学知识，拥有健康的体魄，同时还要拥有良好的道德修养。但由于当今的大学生独生子女很多，随着物质生活的提高，孩子需要什么就给什么，大多数父母忽视了对孩子的思想道德教育，造成一部分孩子自私、狭隘、唯我独尊的习惯。

总体来看，当代大学生崇尚爱国主义和集体主义，对祖国的前途和命运非常关心，有着良好的道德品质，毕业后愿意投身到社会主义现代化建设中去。但也有少数大学生滋生拜金主义、享乐主义、利己主义思想等，极少数大学生身上不同程度地存在着政治信仰迷茫、诚信意识淡薄、社会责任感缺乏、艰苦奋斗精神淡化等问题，有的大学生在学校中不遵守学校制度，发生逃课作弊等不端行为。

大学阶段是大学生道德学习和道德建设的重要时期，是养成道德观念和道德行为的关键时期，大学生是实现科教兴国的重要力量之一，是为把我国建设成为现代化强国的重要一分子，他们的思想道德状况如何，关系到我国现代化事业的成败，关系到能否实现中华民族的伟大复兴。因此，加强大学生道德教育，启发大学生明大德有着非常重大的意义。

三、启发学生明大德的具体路径

对于教育工作者来说，掌握新生代大学生的思想道德状况至关重要。做好大学生的道德学习和道德建设工作，就能充分认识到大学生思想道德建设的新局面，强调大学生德育路径和方法的创新，采取积极有效的措施，才能解决新问题。

1. 推进校园文化建设

校园文化是高校不可缺少的精神文化氛围，包括上课、社团活动、学校的绿化、学生的素质、规章制度等。高校校园文化对大学生的思想道德行为有着指导、规范、约束、提升的作用，在大学生日常生活中有着潜移默化的影响。大学是学生形成世界观、人生观、价值观非常重要的时期，是学习生活的重要场所，构建良好的校园文化，有助于学生形成牢固的道德观念、高尚的思想品质和积极向上的人格精神。第一，在校园里开展校园大使，不断宣传校园精神和校风校训。在学校的各个角落包括宿舍张贴校园精神和校风校训，使其潜移默化地影响大学生的思想、情感或内心世界。第二、随着高等教育的普及化，大学生每年的人数有增无减，学生的素质参差不齐，各种文化相互碰撞，构建具有自身特色、高水平的校园文化是新时代加强大学生思想道德教育的重要途径。加强校园文化要与教育教学、纪律、制度相结合，科学指导学校管理制度，严明校纪校规，约束不良行为，培养良好的道德行为，形成优良的校风、学风与和谐、互信的人际关系；第三、要建好校刊、校园广播等思想舆论阵地，进行有针对性的宣传教育，引导大学生明辨是非、激浊扬清、抑恶扬善，自觉抵制各种有害文化和腐朽生活方式的侵蚀。更为重要的是要坚持教育与自我教育相结合，经常组织开展形式新颖、生动活泼、丰富多彩的校园文化活动，如主题征文、演讲比赛、知识竞赛、辩论会、文艺演出等，把思想道德教育渗透到各项校园文化活动中，润物于无声，使大学生在文艺、体育、娱乐活动中乐于接受教育，思想感情得到熏陶，精神生活得到充实，道德境界得到升华。

2.宣传开展网络道德教育

网络作为新兴的媒体，有其积极的一方面也有消极的方面。在信息通信网络日益普及的社会环境下，互联网成为大学生获取信息的第一手段，也成为思想道德教育工作的新媒介和新场地。面对网络对传统灌输式教育方法和教育模式的挑战，必须通过架构、管理、指导等唱响互联网主旋律。要建立符合大学生特点、有吸引力的网站，使之成为开展大学生思想道德教育的新舞台。此外，必须严格过滤所有进入校园网的信息，进行积极有效的信息交流和在线服务活动。引导互联网舆论，并提高教育的可靠性和亲和力。

网络空间虽然是虚拟空间，但是每个人的一言一行也能充分分辨出一个人的道德水平如何，不能有两副面孔，在现实生活中遵守道德，而在网络空间上破口大骂。大学生在网络空间中要约束自己的行为，积极健康地接收信息。第一，开展网络主题班会，让每个人发表对于网络道德的看法，并以身作则，营造积极、健康、正能量的网络空间。第二，学校组织各种关于网络道德的演讲比赛、辩论赛等等，让网络道德融入到校园生活中，宣传网络道德正能量，潜移默化地影响学生。

3. 开展心理咨询

当代大学生多数是独生子女，从小在宠爱的环境下长大，多数是第一次独自离开家，面对陌生的城市、集体宿舍、学习方式的转变、学业的压力，容易出现情绪波动和烦躁不安的状态，尤其适应能力不好的学生很容易走上极端。近年来，抑郁症患者越来越多，所以开展心理咨询必不可少，帮助大学生解决疑难问题，对大学生进行疏导关爱，使其能够健康地成长。心理咨询和健康教育应该成为加强思想道德教育的重要途径和手段。心理咨询是保护大学生身心健康的重要工具，有助于大学生的性格成熟，使他们勇于承担责任，充分发挥创造力，以乐观自信的精神状态迎接挑战。

4. 开展社会实践活动

社会实践是高校教育的重要部分，也是开展思想道德教育的大课堂。参加社会实践活动能够促进大学生了解社会、提高自身能力，使理论与实践相结合。高校可以结合学生的专业特点，深入开展社会实践活动，如社会调查、志愿者工作、公益活动等，磨练意志，展示才华，尤其要引导大学生到基层去，到群众中去，到祖国最需要的地方去，接受教育，砥砺心志，发挥才干，建功立业。

培养德智体美全面发展的社会主义合格建设者和可靠接班人是高校义不容辞的责任。高校应坚持以人为本，积极探索和建立有效的管理体制，不断创新教育的途径和方法，在教授大学生科学文化知识的同时，引导他们牢固树立正确的世界观、人生观、价值观，成为有社会责任感和事业心的人，有科学文化知识和开拓创新能力的人，有志有为、德才兼备的人。

第三节　引导学生守公德

一、公德的基本内涵

"公德"是指存在于社会群体中间的道德，是生活于社会中的人们为了我们群体的利益而约定俗成的我们应该做什么和不应该做什么的行为规范。在本质上是一个国家，一个民族或者一个群体，在历史长河中、在社会实践活动中积淀下来的道德准则，文化观念和思想传统。它对维系社会公共生活和调整人与人之间的关系具有重要作用。与"私德"相对，这里的"公德"是指与国家、组织、集体、民族、社会等有关的道德；而"私德"则指个人品德、作风、习惯以及个人私生活中的道德，并且社会公德是维持良好人际关系的条件，衡量一个民族进步的标志。

中国传统文化源远流长、博大精深，崇尚道德，倡导养德守德。业无德不兴，守公德是源泉。喧嚣社会，茫茫尘世，每个人都以独立的个体存在着，同时又融入时代的洪流之中，社会坚守"自由、平等、公正、法治"的公德，与公民的日常行为息息相关。诚然，社会公德乃社会整体的成长秩序，这与每个人的心灵秩序紧密相连。

二、守公德的基本内容

1. 引导大学生遵守社会公德

党的十八大以来，以习近平同志为核心的党中央高度重视公民道德建设，人们的整体素质普遍上升，社会以人为核心，只有社会稳定有序人们才能获得幸福感和安全感，在社会公共区域逐渐扩大的同时，人们要自觉参与到社会公德建设中去，自觉维护稳定而和谐的社会，做社会公德的践行者和维护者。

社会公共道德的作用是通过解决成员的要求与社会公共生活中的实际行为之间的差距，并促使社会成员自愿遵守公共道德要求，从而帮助人们适应社会公共生活的要求。大学生是社会上整体文化素养水平较高的青年群体，背负较高的期望和要求。除了在行为上对其有所约束，大学生还负责促进和维护社会公众道德。因此，大学生应努力通过实践活动提高对社会公共道德的认识，成为合格的传播者与实践者，具体而言，可以从以下几个方面加强社会公德意识：

加强学习，形成对社会公德的认知，培养社会公德的情感。通过认识和体验与社会道德有关的知识和规范，逐步形成公共道德判断意识和争端评估标准，了解社会对公共道德的特殊需求。大学生应以身作则，以培养自身的优良社会公德为具体要求，做优良社会公德的实践者。在社会公德的实践中，要以遵守社会公德为荣，以违反社会公德为耻。面对社会上的有害社会公德的行为，应时刻保持警醒和慎独，自觉抵御不良风气，自觉遵守并带头践行正确的社会公德行为。在公共道德的过程中体验快乐，并在日常生活中养成遵守社会公共道德的良好习惯。

积极参与各种社会活动，在实践中培养社会公德意识和责任意识。参加公共服务活动和志愿服务等社会实践活动对增强社会责任有很大帮助。大学生通过社会实践活动明辨哪些行为符合社会公共道德规范，哪些行为不符合社会公共道德规范，在提升自身社会公德修养的基础上积极带动他人，做社会公德的践行者。大学生可以结合自身的兴趣爱好和专业选择社会公共服务和志愿服务等活动，以展示并发挥自己的才能。

从小事做起，从我做起，自觉带头践行社会公德规范。社会公共道德规范最终要落实在每个人的行为上，尤其是细节更能体现出一个人的道德素质，因此要从日常生活的小细节中培养社会的公共道德意识。"勿以善小而不为，勿以恶小而为之。"用实际行动提升自己的道德素质，共同遵守公共道德规范，维护社会和谐有序的进步，使生活更加美好。

2. 引导大学生恪守职业道德

一个人想要在职业中获得成功，一方面依靠的是专业知识和个人能力，另一方面则取决于职业道德素质。个人的职业道德素质，影响着整个行业的道德水平甚至整个社会的道德水平。大学生毕业后要步入各行各业，职业道德教育对大学生乃至社会意义深远。

大学生要学习职业道德规范；对于青年人来说，学习职业道德规范可以确定职业活动的基本规范和目的，进而提升职业意识和判断能力，树立正确的价值意识。职业道德知识包括一般的职业道德知识和特定行业的职业道德知识，大学生有目的有计划地进行学习，有助于为将来进入职场奠定良好的基础。

提高大学生职业道德意识。大学生要将职业道德意识内化为自身的素质，提高到自觉意识层面。比如，建筑类专业的大学生要铭记在以后的工作中不能偷工减量；医学类专业的大学生要铭记自己的使命是"救死扶伤"；教育类专业的大学生要铭记自己的职责"教书育人、关爱学生"等等。大学生应该学习职业道德模范，以他们为榜样，做积极进取、甘于奉献、服务社会的人。

提高大学生践行职业道德的能力。学校是传授专业理论，学习的地方，大学生要积极融入社会中，真正到岗位上实践。假期许多大学生参加实习、做志愿者、做社会实践，在为社会做贡献的同时，大大提高了自己的学习能力，为以后的工作积攒了经验，收获了成长和进步，做到了理论与实践相结合。

3. 引导大学生弘扬家庭美德

良好的家庭氛围对家庭的每个成员影响深远，引导大学生弘扬家庭美德，注重家庭、家教、家风规范建设，树立正确的恋爱观和婚姻观，有着十分重要的意义。

引导大学生注重家庭、家教、家风。家庭是社会的核心，每一个小家庭组成了国家大家庭。家庭承载着个人潜移默化的教育，是个人性格、爱好等养成的基础，对个人的成长有着很大的影响，因此，无论何时都要注重家庭、家教、家风。

注重家庭。家庭幸福则社会幸福，社会幸福也是每个家庭的共同幸福。历史和现实清晰地表明，家庭的前途命运同国家和民族的前途命运紧密相连。国富民安、人民幸福并不是虚无缥缈的，最终要落实到每个人、每个家庭上。家庭幸福，人民才会幸福，国家才能富强。只有每个人实现自己的梦想，每个家庭实现自己家庭的梦想，中国才能实现中国梦。

注重家教。现代教育分为学校教育、社会教育和家庭教育，家庭教育是教育中不可缺少的主体。家庭教育是人的第一所学校，父母是孩子的第一任老师，一个人的三观、性格与家庭教育有着密切的联系。古人范仲淹说的"孝道当竭力，忠勇表丹诚；兄弟互相助，慈悲无边境。勤读圣贤书，尊师如尊亲；礼仪勿疏狂，逊让敦慕邻。敬长舆怀幼，怜恤孤寡贫；谦恭尚廉洁，绝戒骄傲情。字纸莫乱废，须保五谷恩；做事循天理，博爱惜生灵。处世行八德，修身奉主神；儿孙坚心守，成家种善根"。古人还说"无规矩不成方圆"，家庭教育影响一个人的一生，父母应该要将品德教育等美好的道德观念传授给孩子，引导他们做人，帮助他们形成正确的三观，从而健康顺利地成长。

注重家风。人们常说"家有家规，国有国法"，没有规矩不成方圆，家风是通过几代人的约束和塑造而形成的家庭风气，长辈在家风建设中具有非常重要的地位，长辈能够严格要求自己，警钟长鸣，一般下一代也能做到，用良好的家风来塑造下一代的成长和为人处世。古有仁智礼仪信，今有勤孝谦和思，良好家风因背景各异，也各有千秋，或仁爱宽厚，父慈子孝，兄弟和睦，邻里友爱；或克勤克俭，常怀一粥一饭来之不易之念，靠勤奋兴家聚业，讲节约精打细算，或本分做人，不为富动，尽职敬事，诚信待人。以上种种，在无形中影响着家人，让子女终身受益，其价值取之不尽，用之不竭。

三、引导学生守公德的具体对策

1. 加强校园文化建设

良好的校园文化氛围有益于大学生思想品德的形成，校园文化是促进人的全面发展和弘扬中华优秀传统文化的主要形式，营造积极向上、健康的校园环境尤为重要，包括保持校园卫生整洁、同学之间互帮互助、积极向上的学习氛围、美好的师生感情等。校园文化代表着学校的传统文化和精神内涵，是每个老师和学生应当维护的精神财富，建设校园文化需要每一位学生的参与维护。第一，利用多个维度开展公德教育，进而培养大学生的公德意识，如开展"校园文化节""流动红旗进寝室、进班级"等，吸引每个大学生参与其中，培养大学生的主人翁地位，并在活动中培养公德意识，营造积极向上的校园文化氛围。第二、让优秀传统文化渗透到校园的每个角落。中国有许多传统美德，助人为乐、诚信守信等对大学生的社会公德的形成发挥着重要的作用。开展助人为乐、诚实守信主题演讲比赛等活动，有助于大学生把这些传统美德贯彻到日常学习生活之中，以实际行动践行优秀传统美德，提升自己的社会公德。在学习和生活中主动帮助有困难的同学，在日常的生活中严以律己，诚信考试，不作弊，不能有侥幸心理等，共同营造良好的校园氛围。第三、学生是学习者，教师是教育者，教师应在日常教学中起表率作用，以身作则发挥示范作用，用自己的道德素养影响教育学生。加强校园文化建设，人人有责。只有这样，才能增强每个人的公共道德意识，自觉保护社会的公共道德，营造良好的氛围。

2. 开展社会公德实践活动

培养大学生公共道德意识是知行合一的过程，必须把学习公共道德理论与实践相结合，让大学生亲自参与到实践中去等。高校要多开展一些提高公德修养的活动，如利用"五一""五四""七一""八一"等节日举办演讲比赛、舞台剧等多种形式的活动，让大学生参与到实践中。还可以组织大学生走出校园，引导学生通过服务社会得到自身成长。学校要有鲜明的价值观念引领学生开展德育活动，在常态化推进的同时为学生的道德成长领航，为学生搭建完善的德育课程体系，以多种维度开展课程体系，保证课程效果。还要把对公德的认识转移到行动上，通过行为来提高认识。倡导大学生从小事做起，在小事情上规范公德行为，不断优化行为。大学生不仅要在实践中自觉遵守公共道德规范，还要用自身行动影响和带动他人，做一个具有高尚道德的人。

3. 大学生要不断提高自身素质

大学生一切素质的基础是文化素质，这是大学生能否树立正确的世界观、人生观、价值观的关键。大学生只有具备良好的科学文化素质才能形成高尚的道德情操，只有在良好的科学文化素质的基础上才能更好地遵纪守法。必须要把科学文化素质和人文素质结合起来，才能提高大学生的思想道德修养，自觉践行社会公德。第一要自省，自省就是自我反思，反思日常生活中的思想和行为，找出不足，正确评价自己。大学生加强公德意识的培养不仅要靠自己，也要靠别人的评价，如在日常生活中，可以听听舍友、同学、老师等的评价，有则改之，无则加勉。第二要坚守自己的原则，坚守自己的道德信念，自觉用高标准来要求自己，无论在何时何地都应该注意自己的言语和行为，真正做到知行统一。

第四节　教育学生严私德

一、私德的基本内涵

人无德不立，严私德是关键。"君子以顺德，积小以高大。"莫见乎隐，莫显乎微，最平凡、最细微的言行最能看出一个人的品德。以"爱国、敬业、诚信、友善"为价值追求，是自我实现的道德前提。孔子曾提倡"克己复礼为仁"，"克己"即自我进行道德修养，"复礼"即建立社会规则以制约人身上的"兽性"，最后达到"仁"的最佳境界。大德善行，一切从心。崇德向善，凡人也可践行，且隐含于日常的言行举动之中。冰心曾言，创造新陆地的，往往不是滚滚的波浪，而是它底下细小的泥沙。正是如此，无数民众的道德水准，夯实社会的道德根基，筑起高耸的道德大厦。

明大德是国之旋律，守公德是众之航标，严私德是己之操守，唯有三者相辅相成，水乳交融，美丽中国才能其道大光，和光同尘，众善奉行，温暖人心，扮靓世界。

二、引导学生严私德的基本维度

1. 学会劳动

大学生大多数是独生子女，在父母的宠爱下长大，在家里也很少做家务，以至于劳动意识淡薄，不爱劳动，不知道如何劳动。大学生未来是现代化国家的建设者，在学习好知识的同时，要注重劳动技能的提升，要抓住每一个可以锻炼的机会，积极参加各种劳动。从日常生活中做起，从小事做起，做一个热爱劳动、懂得劳动、尊重劳动的人。

2. 学会勤俭

"一粥一饭当思来之不易，半丝半缕恒念物力维艰。"节约是中华民族的传统美德和精神财富，也是中华民族百折不挠、生生不息的力量源泉。勤俭也是在尊重别人的劳动果实。只要每个人都从我做起，从具体事做起，真正付诸实践，长期坚持，勤俭节约的传统美德就一定能在全社会进一步发扬光大起来。作为一名大学生，应该厉行节约反对浪费，将节俭体现在日常生活的点滴中，发扬勤俭的好作风，弘扬中华民族优秀传统美德。

3. 学会感恩

学会感恩，人才能够知足，才能获得幸福。在这个物质丰富的现今社会，我们好像什么都不缺，想要的东西应有尽有，但是每个人都离不开他人的协助，更脱离不了社会，所以不要忘记感恩，感恩父母给我们生命并养育我们长大成人，感恩大自然的馈赠让我们有水可饮，感恩老师的谆谆教诲等等。每个人都是社会成员的一部分，幸福的背后是众多人的努力，比如，在网上购物，两三天就收到货，那是因为快递小哥日夜兼程把快递送到我们的面前，收到快递时，应该对他们说一声谢谢。在家里点外卖，半个小时外卖员就会把香喷喷的饭菜送到家门口，无论刮风下雨、严寒酷暑，在收到他们送来的饭菜时，应该对他们说一声谢谢。作为大学生，应时时刻刻怀着感恩之心，用宽容之心对待身边的一切，这样社会才能越来越美好。

4. 学会助人

帮助别人就是帮助自己，只有你帮助了别人，在你需要帮助的时候别人才会帮助你。作为一名大学生，在校园中、社会上，代表的都是一种正能量。要在学习上、生活中懂得帮助他人，要从小事做起，从生活中的点点滴滴做起。

5. 学会谦让

谦让是中华民族的传统美德，谦让不仅可以化解不必要的矛盾，更能够彰显一个人的风度和涵养。谦让是站在大局意识来看个人意识，在必要的时候要牺牲个人利益来维护大局利益。大学生在遇到事情的时候，要从对方的角度想问题，要往好的方面去解决，体谅对方，宽容大度。要与人为善，懂得谦让，让谦让塑造自己的灵魂，使自己的人生多姿多彩。

6. 学会自信

爱默生曾说："自信是成功的第一秘诀。"相信自己一定行，才能够获得成功。作为大学生，在大学里要积极参加各种活动。利用这些活动来丰富自己的生活，使生命更加精彩。获得更多的知识和见识。要多多与人沟通，参加各种协会、学生会、社团活动、班级活动，锻炼自己的能力，有了能力自然就变得自信了。要勇于尝试各种挑战。试着去做一些有难度的事情，如编写一个超级复杂的程序，参加运动会长跑项目。多和团体一起工作。在团体工作中提高自己的能力，增强自身的自信。人来到这个世界，免不了遇到问题，可怕的不是问题，而是对待问题的决心，乐观地对待和处理问题和困难，自然能增强自己的自信。要相信自己通过努力一定能实现梦想，有自信才能有成绩，有成绩就会更有自信。相信自己能行，才能面对种种困难。

7. 学会自律

康德说，所谓自由，不是随心所欲，而是自我主宰，越自律，越有话语权，身体和人生都是如此。越是自律的人越是明白自己真正想要的是什么。所以才不会把时间和精力白白浪费在无意义的事情上，而是把碎片化时间都用来成长。自律，让人获得自由，自律是通向自由之路的关键。自律性越强，时间利用越充分，做事越顺利。大学是一个大熔炉，有人成了钢铁，有人却成了炉渣。大学不应该看作是自由的开始，而是自律的开始！作为一名大学生要学会合理运用时间做有意义的事情，坚持自律，保持良好的生活习惯，你会离目标越来越近。

第四章　以完善学生法治素养为核心的法治教育

第一节　法治意识的培养

　　法治是与人治相对立的一种治国理念和社会治理方式。"法治"蕴含了"民主平等""文明有序""公平正义"等价值理念。人们通过法律知识和法治现象的认知，具备法律运用的能力，建构法律认同和信仰，得以形成法治意识。所谓法治意识，是指现代社会公民的法律素养、法律精神和法律价值观念。大学生作为社会主义现代化的合格建设者和接班人，肩负着实现中华民族伟大复兴中国梦的重任。培养大学生的法治意识，提高大学生学习、运用法律知识，形成尊法守法的法治思维，提升用法护法的法治能力，对社会主义法治建设及大学生健康成长具有重要的意义。

　　一、新时代大学生法治意识培养的重要意义

　　大学生是中华民族伟大复兴的生力军和社会主义法治建设的重要力量，新时代加强对大学生法治意识的培养是推动法治社会形成的重要任务，是践行社会主义核心价值观的必然要求，也是实现大学生全面发展的关键环节。

1. 加强大学生法治意识培养是推动法治社会形成的重要任务

培养大学生的法治意识是全面推进依法治国和有效推动法治社会形成的重要任务。只有教育大学生学习使用法律知识，维护法律权威，遵守法律规定，建立法律信仰，才能促使大学生为法治社会的形成贡献力量，全面推进依法治国和法治社会建设的进程。

2. 加强大学生法治意识培养是践行社会主义核心价值观的必然要求

对社会主义核心价值观中"自由、平等、公正、法治"等内容的学习和理解，与大学生的法治意识教育内容具有一致之处。培养大学生的法治意识，有助于引导大学生更好地了解"法治"的内涵和实质，更好地遵循法治精神和原则，提高社会主义核心价值观的认同。

3. 加强大学生法治意识培养实现大学生全面发展的关键环节

在大学的学习生活中，大学生的世界观、人生观、价值观正处于形成的关键时期，其坚定理想信念形成、良好行为养成、就业过程规范等都与法治紧密相关。法治意识不仅是大学生综合素质的重要组成部分，而且对大学生整体素质的提升至关重要。大学作为大学生走上社会的过渡准备阶段，法治意识的培养，法律素质的提升，科学文化知识的深耕和思想道德素质的提升，共同决定了大学生毕业后能够在社会立足并为社会建功立业。因此，加强大学生法治意识培养是提升大学生综合素质的必然要求，也是实现大学生全面发展的关键环节。

二、新时代大学生法治意识培养的着力点

随着全面依法治国的有效推进和高校思想政治教育工作的不断改革创新，大学生法治意识培养越来越得到党和国家的重视，受到高校教育工作者的关注。高校依托《思想道德修养与法律基础》必修课程及就业指导课和其他有关法律的选修课，借助学习宪法宣传活动等主题教育和学生管理法治化等途径，提高了大学生对法治的关注程度和认识水平，大学生遵守校规校纪，遵守法律法规和维护自身权益的法律意识明显增强，对参与社会民主管理及法治宣传教育更具热情，对国家法治建设和依法治国进程更加关注。然而，大学生法治意识培养任重道远，新时代大学生法治意识培养的紧迫性依然严峻。

1. 大学生法治意识培养要把握好大学生成长环境的复杂性

大学生法治意识的培养要始终把握好大学生成长环境的复杂性。社会法治环境的积极建设为大学生法治意识的培养提供了良好的外部环境。然而社会纷繁复杂的社会思潮和虚拟的网络环境对大学生法治意识的培养起了不良的冲击作用。一方面，由于大学生还处于人生学习提升的阶段，社会经验不足，对各种不良社会思潮的影响和冲击不能有效应对。进而，不良社会思潮的传播和蔓延，也会导致大学生信仰和价值观危机，产生个人主义、享乐主义、功利主义、拜金主义和消费主义的不良倾向和行为选择方面的困惑。这些都不利于大学生法治意识的培养，对社会主义核心价值观和践行和社会主义法治文化的弘扬带来消极影响。另一方面，网络环境具有复杂性，在有效传播法律知识、普及法治理念的同时，也充斥着不利于大学生法治意识培育的信息。网络上色情、诈骗、低俗文化等不良信息,对大学生的行为成长产生误导,阻碍大学生法治意识、法律能力的形成和提高。大学生缺乏运用法律维护自身合法权益的能力,促使其产生犯罪的动机和以暴力解决问题的倾向,最终导致违法犯罪事件的发生。

因此,加强大学生法治意识的培育,必须把握好"大学生成长环境的复杂性"这个现实,从课程、主题教育活动和管理服务中,对阻碍大学生法治意识培育的社会不良思潮和网络不良信息进行有效分析,敢于亮剑,维护大学生法治意识培育良好环境。

2. 大学生法治意识培养要设置好教育方式的系统性

纵观当前大学生法治意识培养的教育方式,高校普遍以课堂为主渠道,以主题教育活动为显性载体,以学生管理服务为隐性载体,初步形成了大学生法治意识培养的系统化教育模式。要深入推进大学生法治意识的培养,还必须进一步设置好教育方式的系统建构。要牢牢抓好法治意识培育的课堂主渠道。认真分析高校对大学生法治意识培养方式相对单一的问题。既要保持"思想道德修养与法律基础"课程对大学生系统法律知识教育并促使大学生形成基本法治意识和法治思维的作用,又要注重"思想道德修养与法律基础"课程的学以致用;既要保持"思想道德修养与法律基础"课程的既定教学内容的灌输教育方式,又要强化教学方式的师生互动;既要保持"思想道德修养与法律基础"课程对大学生法律知识的理解记忆的考查,又要实现从根本上塑造学生的法治精神和法治素养的功能。

3. 大学生法治意识培养要更加重视成效

实现"知行合一",是大学生法治意识培养必须重视的着力点。

守法意识、维权意识、法治素质和法治能力，是检验大学生法治意识培养成效的有效指标。通过高校思想道德修养与法律基础、就业指导课等课程，宪法、民法典等法律宣传教育活动以及高校学生日常管理等，大学生在校园里接受了系统的法治意识教育，具备了基本的法律知识和法治信仰，对法律的关注度不断提高，但大学生的法治意识和法治思维仍需不断提升强化，法治意识培养的效果仍有待加强。一方面，大学生的法治意识依然有待提升，缺少对法治认同基础上付诸实践的勇气和能力。处在生理、心理日益成熟阶段的大学生，自我意识不断提高，思想活跃，当面对自身权益与社会利益发生矛盾的时候，容易产生迷茫、情绪化的心理状态，过度关注个人利益和法律的实用价值。因此，尽管大学生能够记住课堂学习中的知识性内容，但在处理问题时仍然缺乏正确的认知能力和实践法治的主动性，未能在日常行为中表现出对法治的认同和运用法律维护自身合法权益的勇气，存在知行脱节的现象。另一方面，大学生的法治思维依然有待强化，缺乏遵守法律的一贯性和恒常性，法治观念及守法意识淡薄。大学生在对自身行为合法性作出基本判断的基础上，由于缺少客观理性的分析和法治思维的主导，其规则意识和守法意识在不同情境下存在差异，少数大学生在监管宽松的情况下会降低对自己的道德要求和法律底线，甚至做出违法犯罪的行为。

三、新时代加强大学生法治意识培养的具体进路

党的十九大报告中提出，要提高全民族法治素养和道德素质；党的十九届四中全会提出，要夯实依法治国群众基础。党的二十

大报告中提出，弘扬社会主义法治精神，传承中华优秀传统法律文化，引导全体人民做社会主义法治的忠实崇尚者、自觉遵守者、坚定捍卫者。全面坚持依法治国，深化依法治国实践，为培养大学生的法治意识提出了新的时代要求。新时代加强大学生法治意识培养，是贯彻高校"立德树人"根本任务的有效体现，也是实施"五育并举"的有效载体，对培养德智体美劳全面发展的社会主义建设者和接班人具有重要意义。新时代加强大学生法治意识培养，必须从"内容建构、方式创新和氛围营造"三个方面，明晰大学生法治培养的具体进路。

1. 拓展大学生法治意识培养的内容建构

拓展大学生法治意识培养的内容，要从"课程建设、主题教育活动常态化和管理服务"三个方面进行建构。

第一，要继续发挥好大学生思想道德修养与法律基础课程对大学生基本法律知识教育和法治意识培养的主渠道作用；以"课程思政"为契机，将法律知识教育和法治意识培育融入到各类专业课程中，从专业学习中引导大学生更加了解、学习、运用法律知识。要将法律知识教育和法治意识培育融入到就业指导、职业规划等课程中来，通过这类课堂讲好与大学生学习生活密切相关的学术规范、职业规划、求职入职等法律问题。

第二，要设计好大学生法治意识培养的主题教育活动，实现大学生法治意识培养主题教育常态化。设计多样的教育主题，有针对性地引导、带领学生学习如《中华人民共和国著作权法》《中华人民共和国劳动合同法》等法律的具体规定，有效地激发起大学生的求知欲望和学习动力，深入扩展大学生的法律知识领域，帮助大学生逐步树立维护自身合法权益的意识。结合社会法治重大事件、法治时事政策来更新教育内容，帮助大学生规避求职就业中的陷阱、日常生活中的诈骗手段，使他们逐步提升自身的法律素质和法治意识，既学会运用法律武器勇于捍卫自身合法权益，又能够树立起积极履行义务、建设法治社会的责任心与使命感。

第三，要通过学生管理法治化推进学生法治意识的培养。高校大学章程、学生管理制度、学生奖励规定等都是高校学生管理的依据，蕴含了法治的内容和程序。因此，高校在学生管理工作中，要充分引导学生做好大学章程、学生管理规定和高校办学制度的学习，在学生奖励、处分等工作中，做到有依据，程序公正，从而在学生事务管理的法治化进程中，不断提升大学生法治意识的培养。

2. 推动大学生法治意识培养的方式创新

推动大学生法治意识培养的方式创新，需要从"课堂方法的改进、主题教育活动的形式创新和学生管理法治化的完善"有效开展。

第一，大学生法治意识培养的课堂教育中，要引导教师通过课堂互动参与和课后社会实践等环节，实现培养方式的创新发展和培养效果的优化。注重鼓励教师在大学生法治意识教育课堂上采用案例教学、讨论互动、情景模拟的教学方法，充分调动大学生法律知识学习的积极性和主动性。通过案例教学，引导学生将课堂所学的理论知识与实际生活中生动可信、富有时代感、典型性的案例结合起来，引发学生的思考和讨论交流；通过讨论教学，引导学生由"被动"变为"主动"参与到知识学习中来；通过情景模拟，以模拟庭审现场的方法，让学生通过角色体验切实感受法律的权威性、严谨性和司法程序的神圣性，增加他们在有限的课堂时间内的参与互动，充分活跃课堂氛围，为培养学生的法治意识助力。

第二，大学生法治意识的主题教育活动引导中，要注重主题教育活动的内容性与形式性相结合，既要保证法治主题教育活动承载好法治教育内容，又要使得开展教育活动的方式受到学生喜闻乐见。将法治教育主题活动纳入到大学生班团会中来，纳入到宪法宣传活动中来，着力搭建大学生法治意识培养的实践平台，邀请法律专家和优秀的法律工作者为学生开展法治专题讲座，也可以定期开展法律知识竞赛、社会热点问题辩论赛，激发大学生学习法律知识的热情，帮助大学生开阔法律视野，提升对法治的认同感和运用法律思维解决实际问题的能力。同时，高校还可以为学生安排一定的实践课时，并提高社会实践在课程总成绩中占有的比重，为学生提供更多的社会实践机会，鼓励他们积极参加进社区、进中小学校园的法治主题宣传活动和志愿公益服务活动，充分发挥大学生的积极性和主动性，发挥社会实践和志愿服务活动在落实大学生法治意识培养过程中的重要载体作用。

第三，要完善学生管理法治化。引导学生通过易班网、优客平台进行大学生管理规定的学习，强化大学生法治线上学习的便捷性。在学生奖学金、荣誉称号评选及违纪处分中，要教育引导学生明晰依据，严格按程序进行申报、评选，从而实现学生管理中的法治追求中"实体正义"和"程序正义"的有效结合。

3. 加强大学生法治意识培养的氛围营造

良好的校园氛围为培养大学生法治意识营造了优质的环境基础，具有价值引导、规范行为等功能，对大学生法治意识的培养具有至关重要的作用。2020 年 7 月 15 日，教育部印发的《关于进一步加强高等学校法治工作的意见》中也明确指出要"进一步加强高等学校法治工作，全面推进依法治教、依法办学、依法治校"。

第一，应在校园内加强法治文化宣传，普及法律知识。一方面，可以尝试通过校园报刊宣传、法治专栏撰写、图片展览等方式，向学生展示我国法治社会建设和中国特色社会主义法治体系建设的历史进程和现实必然性，让法治精神渗透进大学生的学习、生活当中，使他们在耳濡目染中接受法治教育。另一方面，还可以在校园内张贴遵纪守法的文明标语和宣传海报，在校园文艺汇演、汇报演出时编排法治节目，每年定期组织学生观看法治方面的影片，提高学生的参与度，满足大学生成长成才需要，潜移默化地增强他们的法治意识。

第二，着力提升高校法治教育师资队伍素质。作为高校中为学生传道解惑的领路人，具有较高法治意识水平的高校教师不仅是营造良好的校园法治文化氛围的重要力量，也是培养大学生法治意识的师资保障，他们的知识水平与综合素质与大学生法治教育效果密切相关。因此，为了更好地保证大学生法治意识培养的成效，一方面，高校思想政治理论课教师要承担好学生健康成长指导者和引路人的责任，不断扎实自己的专业理论素质和思想政治素质，丰富自己的理论知识，秉持端正的学术态度，提升课堂教学的吸引力和有效性。另一方面，高校辅导员作为管理、服务大学生的教师群体，与大学生接触频繁、关系密切，对大学生的思想状况最为了解，也极具影响力，也需要在处理工作事务之余加强法律知识学习，并在进行学生管理时遵照规章制度，在处理与学生利益相关事件时体现公正平等的法治理念，保证学生的知情权、参与权和监督权，帮助学生通过日常生活建立起对法治的信任，引导学生遵守法律规范、陶冶高尚情操。

第二节 法治思维的锻炼

从法学的理论讲，法治思维是指公民以法律理念和价值为指导，自觉将法律原则、法律规范和法律方法用来思考和解决问题的思维方式。随着时代的不断发展与进步，法治思维是当代公民基本能力和素养的体现。基于法治社会建设的需要，法治思维要求生活在法治社会中的个体必须适应社会的整体性要求；随着人的秩序精神的不断强化，法治思维要求社会个体尊重法治作为维持社会秩序的基本方式。

一、大学生法治思维的内涵与特征

当社会中的人们把通过法律途径维持社会秩序上升为思考、分析、处理、解决社会秩序的思维自觉时，法治思维已然形成。大学生法治思维是指大学生在高校这个特殊场域内，自觉运用法律标准进行思考、分析、解决问题的思维方式。大学生法治思维具有鲜明的特征。

第一，大学生法治思维具有合法性的特征。合法性是大学生法治思维基本属性。法治从本质上讲，就是维护公共秩序的重要手段，具有对社会个体进行指引、教育、规范和强制的功能。法治能够告诉社会个体该做什么，不该做什么，要求社会个体依法办事，用法律规范个人行为。在大学校园里，加强大学生法治思维培养就是要让大学生自觉形成法律的敬畏之心，自觉形成法治意识，从而不仅能够更好地维护大学生自身权益，还能够在社会事务处理中，形成法治共识，维护整个社会的正常秩序。

第二，大学生法治思维具有正义属性。党的十九大报告中明确指出，树立宪法法律至上、法律面前人人平等的法治理念。教育引导大学生，树立公平正义观念，自觉运用法律武器解决社会难题，能够提升大学生的社会责任感，推动社会法治意识的整体提升。

第三，大学生法治思维具有权利义务属性。公民享受权利义务的一致性是法治的必然要求。法治思维在社会人遵守法治，提供社会人享受法律赋予的权利的同时，必然要求社会人承担相应的法律义务。大学生运用法治思维，行使法律赋予的权利，也必须发挥法律义务的主体作用，既学会运用法律维护自身的权益，也要具有法律义务意识，遵守社会规范，不损害社会和他人的权益。

第四，大学生法治思维具有程序正当性。在法治思维中，社会个体要按照统一的社会规范行事。法律程序在社会中发挥了"程序正义"的作用，程序性是法治思维的重要内容和特征。大学生要将法律程序融入学习和生活中，凡事都要走法律程序。大学生要明确法律程序的操作步骤、方式、时限等要素，这也是执行法律程序的重要前提。

二、当前大学生法治思维缺失的原因分析

随着我国依法治国的不断推进，高校依法治校、学生管理法治化等也在不断前进，学生的法治思维也逐渐提升，但当前大学生法治思维缺失现象依然需要引起重视。

1.大学生自身特点难以认识法治思维的科学性

大学生因年龄、阅历、受教育程度和生理原因，对社会事务的认知和处理方面还不够成熟稳重。另外，因大学生个体意识和独立意识强，对外来法治教育持有一定的抵触心理，也对大学生法治思维的培养产生阻碍作用。再者，基于大学学习生活的相对单纯，大学生较少接触到用法律来处理的事情，不能真实体验到法治思维带给自身的满足感。他们更多是盲从媒体、网络的舆论导向而失去了自主的心理活动，在面对以往不曾了解的法治思维方式时，极易被一些表面现象所蒙蔽，很难深究其本质并真正认同法治思维的科学性。

2.高校对大学生法治思维养成教育有待加强

纵观当前高校课程教学和思想政治教育工作，大学生法治教育主要依靠《思想道德修养与法律基础》课程和思想政治教育活动来开展，法治教育在《思想道德修养与法律基础》课程中存在着系统化不强、实践性欠缺等问题，法治教育还未真正纳入到大学生思想政治教育工作的考核中来，使得大学生法治思维的培养无论从课程教学还是学生活动的开展方面都显得较为薄弱。在大学生法治教育实践中，各种各样定期或不定期的讲座、参观、竞赛、演讲以及其他普法宣传活动占据了较大的时间，但往往因为内容不够鲜明、引导不够准确而难以引起大学生对法治的自觉认同，培养其法治思维的效果更不甚明显。

3.错误的传统思维方式和不良的社会思潮对大学生法治思维的培养不利影响

第一，中国两千多年的封建文化导致的人思想意识根深蒂固，导致公民法治意识淡漠，对大学生法治思维的培养造成不利影响。大学生在面对矛盾和纠纷时，往往纠结于到底是运用法律还是情感方式来处理，往往情感思维模式在大学生处理问题中占据主导。对于大学生而言囿于自身认知的局限和传统意识的影响，很难激发其培养法治思维的积极性。

第二，功利主义、实用主义、拜金主义等不良社会思潮的影响，对大学生法治思维的培养产生负面作用。大学生因求知欲旺盛、接受新事物能力强等特点深受这些文化理念的影响，价值判断突显功利性和实用性，日常行为突显简单性和快捷性，观察视野突显短视性和狭隘性，从而对法治思维这种费时费力、见效缓慢的问题解决方式容易产生排斥性心理反应。

第三，各种新媒体的迅猛发展，再加之各类媒体言论自由权的滥用和夸大，过度宣扬了我国当前法律适用和法律执行等方面出现的一些负能量事件，极易使理性思维相对缺乏的大学生面对此种现象无法冷静思考，从而质疑法治以及法治思维的存在价值。

三、新时代大学生法治思维培育的主要内容

新时代大学生的法治思维培育要以法律至上为价值追求，以权力制约、公平正义、权利保障为核心要素，以正当程序为基本原则，这是当前法治思维教育的主要内容。

1. 培育法律至上的价值追求

法律至上，就是要教育引导大学生明确在国家或者社会的所有规范中，法律具有最高的地位，具有最广的效力，具有最大的强制力。引导大学生信仰法律，树立法律权威，以合法性为基础检验自身行为，是大学生法治思维培育的首要内容。首先，要教育引导大学生明确法律规范与宗教规范、道德规范、团体规范和行业规范的区别，明晰这些规范不能超越法律规范，不能与法律规范相冲突。其次，要教育引导学生维护法律权威，树立法律信仰。让大学生明白法律的普遍适用性、优先适用性和不可违抗性的具体含义。培育大学生从内心真正认同宪法至上、法律至上的信仰，从而发挥宪法、法律的威信和力量。最后，要引导学生以合法性为思考行为的标准。法治思维体现在以宪法和法律为标准和尺度观察社会现象，分析矛盾纠纷，这是法律信仰的外化和升华。锻炼大学生独立地按照宪法、法律的价值精神、基本原则、基本程序进行社会现象和个人行为的合法性审视，是大学生法治思维培育的基本要求。

2.培养权力制约、公平正义、权利保障的思维方式

第一，要教育引导学生明确我国的国家权力是人民的，一切权力为民所有。国家权力是为人民服务的，一切权力为民所用。要使得大学生明晰，权力法定，有权必有责，用权必须受到监督，违法必然受到追究。引导大学生走出官僚文化、人治理念的权力思维怪圈，积极监督权力是否在符合人民群众利益的轨道上运行，抵制权大于法、以权压法的现象。第二，要教育引导学生明确公平正义中"权利公平、机会公平、规则公平和救济公平"的基本内涵。使学生懂得，在我国权利主体平等，享有的基本权利平等，权利保护和权利救济平等，国家和社会为社会成员发展创造平等的起点，法律规则面前人人平等，法律内容面前人人平等，法律保护面前人人平等，国家为公民在权利受到侵害或者处于弱势地位的公民提供平等有效的救济。克服避责思维，培育责任担当思维。让大学生形成

对规则的自律性，对社会的责任感，明确合法与违法的边界，在思维抉择上以法律为基准，使尊法守法成为价值追求和自觉行动。第三，要教育学生明确权利保障中"宪法保障、立法保障、行政保护和司法保障"的具体内涵和区别与联系，注重引导学生破除私力救济思维，培育公立维权思维。立足大学生的校园生活和职业方向，培育大学生积极的权利主张，训练大学生的维权思维，以引导大学生养成从权利的角度观察、分析、推理问题的方法和习惯。

3. 培育正当程序思维

正当程序为法治提供了"程序正义"的价值。程序是法治运行正当性的前提，程序思维是法治思维的具体体现和落地。培育大学生正当程序思维，要引导大学生明确程序"合法性、中立性、参与性、公开性和时限性"方面的基本内涵。要培养学生养成规则思维，主动按规矩办事，将正当程序作为行为的出发点和处理问题的标准。要培育证据合法性思维。培育大学生的证据意识、合法的证据收集能力及清晰性、客观性与可检验性的证据分析方法是锻炼程序思维的有效途径。要培育学生底线思维。程序正义是司法正义的底线，是维护宪法和法律尊严的底线。就世界观来说，要教育大学生以正当程序抵御公权力的恣意妄为，取代不正当的关系网，消除潜规则，使各种利益博弈行为、纠纷、矛盾在合法的程序下有序进行。就方法论来说，培育大学生遇事不是"找熟人"，解决矛盾走程序不是"走关系"的法治思维。引导大学生主动守住不犯错误的底线，将程序公正的理念贯穿于生活学习实践全过程，确保行为的整个过程都在法治的框架内运行。

四、大学生法治思维培育路径研究

推动全面依法治国，要求高校加强大学生法治思维培育，实现大学生的法治思维和法治信仰外化于行、内化于心。高校加强大学生法治思维的培育，要凸显法治思维培育的实效性和法治思维教育的针对性。

1. 抓好大学生法治价值观教育

在大学阶段，青年大学生的世界观、人生观和价值观塑造更容易取得实效。加强大学生法治价值观教育不仅是对大学生实施社会主义核心价值观教育的有效体现，也是高校大学生日常思想政治教育的具体内容。高校培育大学生法治价值观，要注重学生的价值行为和信仰角度分析，引导教育大学生懂法、守法、用法、崇法。

高校加强大学生法治价值观教育，第一，要加强制度建设。制订完善的彰显法治理念的大学章程、办学基本制度和学生管理制度，优化彰显法治理念的校风校纪，从制度规范上做好大学生法治价值观教育的顶层设计。第二，要营造宣传氛围。充分利用国家节假日契机开展思想政治法治教育，借助校园新闻、报纸、公告栏、公众号等传统和网络平台宣传法治，开展学生喜闻乐见的校园文化活动强化法治价值观教育。第三，要设计常态化的主题教育活动。每年定期开展法治宣传月，组织开展法治教育主题实践活动，将法治价值观教育融入大学生社会实践中，坚定大学生法治信仰和社会责任感，做到情感上尊重法律，理性上认同法律，以及行为上践行法律，将法治思维培育的价值观深化和升华。

2. 筑牢法治思维教育课程的主渠道

加强大学生法治思维教育，离不开法治教育课程教学内容的深化，离不开法治教育课程教学方法的创新。在法治教育课程体系上，应该设置必修课、选修课和第二课堂等组成的系统化的大学生法治教育课程体系，以《思想道德修养与法律基础》课程为主导加强大学生法治知识普及教育，以法治教育选修课为辅助加强大学生常识性、专业性的法治知识教育，以第二课堂为渠道提升大学生法治教育的实践性，帮助大学生关注国内外政治形势发展，了解中国的法律成长轨迹和法治进程，让学生懂得"国家富强、民族振兴"与"人民幸福"的关系，做到知识性和思想性的紧密结合。在法治教育教学方法上，要采取理论与实践相结合的方法，采用多种授课方式，跳出传统乏味的课堂授课的窠臼，将案例教学、情景教学、翻转课堂等教学方法运用到法治教学中来，充分运用易班、雨课堂等网络教学平台，将法治知识性教育贴近学生生活、实际，引导学生塑造法治理念，实现法治思维对大学生潜移默化的影响和熏陶。

3. 搭建法治思维教育的常态化的思想政治教育体制

法治思维培育作为大学生思想政治教育的重要内容，必须通过高校大学生思想政治教育工作来常抓不懈。高校要坚持"立德树人"根本任务，将大学生法治思维培育纳入到大学生思想政治教育工作的考核体系中来，常态化推动大学生法治思维教育的针对性和实效性。首先，要将法治思维培育纳入到高校学生事务管理中来。要求辅导员以思想政治教育为桥梁，在日常学生事务管理工作融入法治教育，引导大学生建立理性规则秩序，培养大学生法治思维能力。其次，要注重采用法治教育主题班会、校园文化活动、主题教育等形式，加强大学生法治思维培育的常态化机制建设，培养大学生自觉学法、懂法、守法、用法。最后，要严格按照程序规则处理学生事务，在学生奖励、评优、违纪处分等工作中建立完善的实体制度和程序制度，引导学生转变情感式 的问题处理思维模式，将各种冲突和纠纷纳入秩序化轨道上，认同法治社会所需的理性规则秩序，从而构建大学生法治思维模式。

第三节 法治精神的塑造

一、大学生法治精神的基本内涵

1. 大学生法治精神的内涵

从法学上讲，法治精神是社会主体对民主法治、自由平等和公平正义等价值的主观把握，是由法律意识、法治观念、法律素质和法律信仰综合形成的复合体，集中体现了树立宪法和法律权威，尊崇法治的法治价值观。大学生法治精神是指在大学校园环境场域内，以大学生为主体，通过法律知识学习和法律实践活动而形成法律意识、法治观念、法律素质和法律信仰的综合体现。

2. 大学生法治精神的基本要素

大学生法治精神的基本要素主要包括法治认知、法治情感、法治信仰、法治意志和法治行为。法治认知是大学生通过学习法律知识和参加法律实践活动，获得必要的法治知识，形成法治认识的科学过程。法治认知是提高大学生法治精神的前提和保障，为法治精神的养成提供了内容供给。法治情感是大学生在法治科学认知的基础上，以法的价值作为衡量标准而形成的对法治实施活动形成的内心感受。法治情感的存在与强度对法治精神的形成具有直接关系。

积极、浓厚的法治情感能够提高大学生法治的兴趣与认可，推动大学生法治行为的形成，对大学生法治精神的形成具有催化作用。法治信仰是法治精神的最高境界，是指对法治现象与法治理念的理想信念，是人意识形态中最牢固的一方面，其存在有利于法治精神的发扬，同时也寄托了人们对美好生活的向往，是法治精神体系中的核心部分。法治意志是指大学生以法治精神为指导，有意识地支配和调节自身行为，克服困难，实现法治目标的内心过程。法治意志是法治精神体系中的第三层要素，由法治情感锤炼而成，由单纯的心理情感上升为坚强的意志，为法治精神树立了强硬的精神后盾，提高了大学生对于法治的坚守，形成了大学生敢于对破坏法治行为作斗争的品格。法治行为是法治认知、情感、信仰、意志的外在表现，也是衡量法治精神培育有没有取得成效的标准。在实践中，应引导大学生从我做起、从现在做起、从一点一滴做起，坚持不懈、久久为功，把对法治的认知、情感、意志转化为日常行为方式和行为习惯，融入生活和工作。

3. 大学生法治精神的特征

基于大学生群体的特殊性，大学生法治精神具有自身独有的特征。

第一，大学生法治精神具有薄弱性。大学生由于年龄小、阅历浅等原因，其法治意识、法治知识和法治能力等较为薄弱，近年来发生在大学生身上的"校园贷""套路贷"和犯罪等现象都凸显了大学生法治意识的薄弱。由于大学生对法治知识学习的主观积极性不强和高校法治教育的实施不够完善等原因，大学生无法以完备的法治知识储备来解决社会上纷繁复杂的事务，凸显了大学生法治知识的薄弱。法治知识的薄弱，法治实践经历的匮乏，导致大学生法治能力薄弱。

第二，大学生法治精神具有可塑性。由于大学生仍然处在学习知识阶段，处于好奇心和求知欲强的阶段，能够通过大学的法治教育课程、法治主题教育活动等途径，快速地吸收法治知识。另外，与社会其他群体相比，大学生在高校更容易接触到受法治教育的机会，各种形式的教育方式对大学生产生潜移默化的影响，能够有效塑造大学生法治精神。

第三，大学生法治精神具有外显性。大学生法治精神不仅仅是一种抽象的精神，其作用效果还可以通过外在表象显示出来的，具有外显性。对于抽象思维，大学生法治精神所赋予的科学思维方式有助于大学生正确、客观、全面看待问题，做出合理的选择，促成事情的完成；对于法治观念，大学生法治精神倡导的法治理念最终转变为法治行动，以实际行为践行法治精神，产生客观效果；对于法治情感，大学生法治精神的坚持能够推动法治的更加进步，显现更加深刻的影响。

第四，大学生法治精神具有内潜性。大学生法治精神的内潜性表现在大学生进行法治精神培育后，法治精神内在地对其精神面貌发生改变与影响，是与外显性相对应的特征。内潜，顾名思义是作用在意识形态领域，因此，大学生法治精神内潜性最明显的体现便是大学生法治意识的增强。通过法治精神的培育，大学生法治意识得到强化，以此为核心产生辐射效应，大学生知法、懂法、守法、护法、用法等方面均得到深化，是大学生法治精神内潜无声、无形的表现。

二、大学生法治精神培育的三个目标

大学生法治精神的培育是一个由初级到高级动态发展的过程，基于从法治认知、情感、信仰、意志和行为的思路分析，可将整体培育目标设置为初级、中级和高级三个阶段具体目标。

1. 大学生法治精神培育的初级阶段目标

大学生法治精神培育的初级阶段目标以法治认知和法治情感体验为主要目标，以大学一年级为主要实施阶段。在这一阶段，要利用大学生从高中进入大学之际，充分调动大学生的探索欲，以法治基本课程做好大学生的法治认知，创设良好的校园法治氛围，提高大学生的法治情感体验。

2. 大学生法治精神培育的中级阶段目标

大学生法治精神培育的中级阶段主要是在大学二、三年级，将大学生的法治信仰和法治意志作为主要培养目标。在经过大一《思想道德修养与法律基础》课的学习，具有一定的法治认知的基础上，设置一些法治实践活动，不断锻炼大学生的法律能力，在参与法治实践活动中不断提升法治信仰，引导大学生在参与学校法治化管理和解决自身评奖评优、违纪处分中铸成坚定的法治意志。

3. 大学生法治精神培育的高级阶段目标

这一阶段主要集中在大学毕业年级，以促进大学生将法治知识运用到自身实践活动中变成法治行为为目标。在毕业年级，大学生要外出实习、求职，在实习、求职过程中大学生第一次独立面对纷繁复杂的社会，要与企业签订实习协议、就业协议、劳动合同，要面对诸多法律事务，必须将大学学习所得的法治知识、法治能力运用到法治行为中，才能很好的维护自身权益。因此，在这一阶段，高校要从实务的角度对大学生法治行为进行指导，从而为大学生法治行为的实施提供良好基础。

三、大学生法治精神培育的途径

大学生法治精神培育要结合大学生法治精神培育的初级、中级、高级三个阶段的目标，不断提高培育途径的针对性和实效性。

1. 以课堂教学和主题活动有效提升大学生法治认知和情感体验

在大学生法治精神培育的初级阶段，要注重大学生法治认知和法治情感的培养。

第一，要通过课堂主渠道，加强大学生法律知识传授。利用《思想道德修养与法律基础》课程对大学生法律知识的普及作用，引导授课教师转变教学理念，积极投身教学活动，以饱满的热情感染学生。不断丰富课程教学内容，结合案例、大学生实际，引导学生提高对《思想道德修养与法律基础》的学习兴趣。引导教师不断提升自身法律素质，加强法律知识储备，提高用法能力，以身作则促进大学生法治精神的提高。

第二，要依托校园文化活动创造法律体验机会。大学生在大学一年级，因为刚刚进入大学校园，对各种校园文化活动充满了新鲜感，通过校园文化活动获取知识的求知欲和体验感强烈。因此在这一阶段，要积极开展典型案例教育活动，举办法治精神宣传活动，举行模拟法庭审判活动，不断加强大学生的法治认知和法治情感体验。

2. 以常态化活动有效提升大学生法治信仰

在大学生法治精神培育的中期阶段，要通过各类实践活动不断引导大学生锻炼法律能力，提升法律意识，树立法律信仰。因为大学生群体的特殊性及高校场域的特殊性，以实践活动提升大学生法治信仰要主要围绕大学生实际和高校现有资源来开展，从而提高大学生法治精神培育的针对性、可行性和实效性。

第一，以自由学习活动扎实提升大学生法律精神培育。组织大学生开展法治精神主题班会、社团宣传、竞赛类实践活动等，引导大学生在准备活动中主动学习获取法治知识，培养大学生的求知欲，在举办活动中不断提高自身法治思维，在活动总结中不断提升法治能力。

第二，以党团活动提高大学生法治精神培育的常态化。基于党团本身的政治属性，以党团活动扎实开展法治教育实践活动，让大学生潜移默化受到我国法治精神的熏陶，了解国家最新法治建设进程。通过党团活动开展社区法治志愿服务活动，引导大学生及时掌握法治动态，将法治精神主动融入到社会发展和社区居民需要中，不断提升法治精神培育的获得感。另外，高校应当积极与司法部门联系，组织大学生假期时间参加法院旁听、监狱走访等活动，设身处地地接触法律，了解司法制度，对法律油然而生崇敬感和信任感。

3. 以实习实践有效提升大学生法治行为

在大学生法治精神培育的高峰期阶段，要不断加强大学生法律知识的自我完善，继续提升大学生法治能力，引导大学生将法律知识运用到实践中，将法律知识转化为指导实习及求职中维护自身权益的有效武器。一方面，通过就业指导课、专业法律选修课等，不断提高大学生法律知识储备，为大学生开展实习实践做好法治的实务指导和准备。另一方面，通过"诊所式"法律实践教育方式、各类实习实践活动及求职过程，加强大学生法治行为实践。

第五章　以提升学生文化素养为核心的文化教育

　　"文化是一个国家、一个民族的血脉和灵魂，是人民的精神家园，是国家发展、民族振兴的重要支撑，也将越来越成为民族凝聚力与民族创造力的重要源泉。"习近平同志在庆祝中国共产党成立95周年大会的讲话中谈到文化自信时指出："在5000多年文明发展中孕育的中华优秀传统文化，在党和人民伟大斗争中孕育的革命文化和社会主义先进文化，积淀着中华民族最深层的精神追求，代表着中华民族独特的精神标志。"在这里，他凸显了中国文化中的三种形态——中华优秀传统文化、革命文化和社会主义先进文化，肯定了这些文化形态对于中华民族精神生活的重要意义，以此作为我们今天文化自信的来源和依据，因此提升学生文化素养，也应该从这三方面进行针对性的文化教育。

第一节　中华优秀传统文化教育

一、中华优秀传统文化的内涵及教育意义

（一）中华优秀传统文化的内涵

1. 基本概念

"中华优秀传统文化"的概念可以简单地理解为"优秀"的"中华传统文化"。将概念进行进一步剖析，"中华传统文化"指中华民族历史上形成的，具有稳定的组织结构和思想要素的、前后相继的、直到现在仍然潜在影响着人们的特定思维方式、价值观念、道德风俗等深层文化的社会心理和行为习惯，而"中华优秀传统文化"，即指在中华文明发展的过程中形成的各种优秀思想文化、优秀文化凝练成的精神及优良传统的总结和概括。

2. 基本特征

中华优秀传统文化在历史发展过程中形成了其独有的特征，充分体现着其民族优秀血液的滋养。

第一，中华优秀传统文化是中华民族精神中的优秀文化底蕴。民族精神是一个国家、一个民族文化的集中体现，是民族文化的核心精神，而中华优秀传统文化是中华文化中优秀文化的凝练，因此更体现了中华民族精神的优秀文化底蕴。

第二，中华优秀传统文化是激发民族自信心和自豪感的有效途径。在中华优秀传统文化的传播中，能够通过高度的文化认同、积极的思想传播以及生生不息的民族精神，让我们充满民族自信心和自豪感。

第三，中华优秀传统文化是稳定的具有历史继承性的优秀文化。中华优秀传统文化是中华五千年历史长河中，人们长期积累的智慧结晶，是根植于历史大背景之中的，属于文化的深层结构，因此是稳定的具有历史继承性的优秀文化。

（二）中华优秀传统文化的教育意义

中华优秀传统文化具有悠久的历史，在中国几千年的发展历史中起到的作用是巨大的。它不仅影响着中国的发展，还影响着世界文明的发展，具有很强的时代意义。现如今，经济的高速增长造成了文化增长速度的不同步，大众文化越来越朝着自私化、娱乐化、庸俗化的方向发展，并时刻影响着大学生的文化品位与方向，对祖国未来接班人的不良影响显而易见。因此，高校教育中要重视中华优秀传统文化的传承与创新，将中华优秀传统文化中的思想精华和道德精髓根植于学生心中，让大学生能够理解并践行讲仁爱、重民本、守诚信、崇正义、尚和合、求大同。

1. 有助于增强大学生的民族文化自信

习近平总书记谈及中国特色社会主义"四个自信"的时候，特别强调："文化自信，是更基础、更广泛、更深厚的自信。"习近平总书记还指出："从整个国家来说，中华民族的传统文化在民族的延续和发展中起到了积极的作用。在几千年的文明发展史中，我们已经树立了强烈的民族自信心，无论是在民族危亡，还是在民族昌盛时期，这种自信心都是我们民族精神中最稳定的成分。正是这种自信心，使中华民族渡过了近代史上许多内忧外患的危机，使中华民族在世界上有了令人敬佩的今天。"近四十年来，西方思潮不断冲击我国的文化发展，在网络发达的今天，大学生更是时刻经受着多方文化的侵袭，想要他们能够坚定中华民族文化的自信，经受住纷繁复杂的考验，就需要将中华优秀传统文化中的思想精髓和道德精华根植于心并在不断继承中发扬光大，民族文化的自信是大学生在错误思潮的考验中坚定的力量源泉。

2. 有助于大学生树立正确的人生观

从许多古代先贤的人生态度中能够看到中华优秀传统文化中蕴含的正直、智慧的人生观念。从"天行健，君子以自强不息，地势坤，君子以厚德载物"可以看出中国古代先哲们积极豁达，坚毅刚强的人生态度；从"先天下之忧而忧，后天下之乐而乐"可以看出古代先哲们开阔大气的人生气度；从《礼记》中所描绘的"天下为公"的"大同"社会，也可以感受历代先哲所提倡的最高境界。因此，高校对学生进行中华优秀传统文化的教育，有助于他们树立正确的人生观，提升文化积淀，增长生命的智慧与勇气。

3. 有利于大学生正确认知社会主义核心价值观

社会主义核心价值观是中华优秀传统文化中优秀思想精髓的传承与创新，因此中华优秀传统文化中的许多观念正是社会主义核心价值观的充分体现。比如，孔子提倡的重义轻利的道德价值观，强调群体利益，强调个人的社会价值；儒家的"天人合一"，道家的"人法地，地法天，天法道，道法自然"，倡导人类与自然和谐共处的观念；传统文化中倡导的包容和善等，让学生在学习的过程中更加理解从古至今一直传承下来的核心价值观念的重要性，使学生能够在当今世界各国多元文化、价值观冲击中，坚定社会主义核心价值观。

4. 有利于大学生培养民族认同感

中华文化是中华民族几千年发展历程中形成的文化积淀，代表了中华民族的优秀品质和精神内核，对中华文化的认同就是对中华民族认同的基础。中华文化源远流长，博大精深，体现了中华民族卓越的创造力与强大的凝聚力。从中华优秀传统文化中，学生可以看到凝结着无数先人们智慧的结晶，学到自己奋斗、包容、仁爱等优秀品质，从而树立民族认同感，保持牢固的身份意识和清醒的民族认同，立志为实现中国梦而不断奋斗。

5. 有利于大学生全面成长成才

作为一名大学生，全面发展不仅是个人成长的需求，更是国家发展的需要。祖国未来的建设者应具有良好的道德修养、健全的人格、强大的精神力量以及过硬的本领。因此高校在注重学生专业教育的同时，要以中华优秀传统文化教育为契机，对学生道德、品行、精神境界进行教育，使学生在未来生活中能够更好地实现自我价值，为社会进步、祖国发展贡献力量。

二、中华优秀传统文化教育的内容

（一）爱国主义教育

中华民族五千多年历史中，爱国主义始终是民族文化中重要的精神支柱，诸多民族英雄在民族危难之时奋不顾身、奉献牺牲，为国家兴衰鞠躬尽瘁、死而后已。如视爱国为"人之大伦"的战国孟子；如牧羊数十载但归汉之心不渝的西汉苏武；如"先天下之忧而忧，后天下之乐而乐"的北宋范仲淹；如"人生自古谁无死，留取丹心照汗青"的南宋文天祥；如"苟利国家生死以，岂因祸福避趋之"的清朝林则徐；如"为中华之崛起而读书"的周恩来总理。中华优秀传统文化将爱国精神视为中国生存和发展的基本精神根基，与社会主义核心价值观不谋而合。社会主义核心价值观中，关于公民个人层面的价值准则，即"爱国、敬业、诚信、友善"，便将"爱国"放在首位。2012 年习近平总书记提出"中国梦"的概念，鼓励国人共同努力，实现中华民族伟大复兴，并坚信这是中华民族近代以来最伟大的梦想，最终一定能实现。当代大学生都出生于和平安逸的年代，新时期的爱国主义就是将实现中华民族伟大复兴的中国梦视为自己的理想与追求，抱持热忱的家国情怀，为祖国的繁荣昌盛而努力，在历史海洋中保我中华民族乘风破浪，始终向前。

（二）进取精神教育

进取精神是一种自强不息、发奋图强、坚忍不拔、顽强拼搏的精神。中华优秀传统文化中对此有诸多描述和赞美。如《易经》中的"天行健，君子以自强不息"，鼓励人们刚毅坚卓、自强不息；如《长歌行》中的"少壮不努力，老大徒伤悲"，和岳飞的"莫等闲白了少年头，空悲切"，鞭策人们在少年时发奋图强；如李白的"长风破浪会有时，直挂云帆济沧海"，宣扬一种积极用世的人生态度；如郑板桥的"如千磨万击还坚劲，任尔东西南北风"，赞美虽经历磨难但坚忍如初的品格。古人们所赞美地传递的自强不息、积极进取的精神，将激发大学生开拓创新、同舟共济的精神力量，培养他们成为自信、自尊、自强的人。2020 年，新型冠状病毒席卷我国，造成超过 180 万人的死亡，全中国人民同舟共济、共克时艰、战胜疫情，这正是自强进取精神的最佳体现。

（三）仁善道德教育

中华优秀传统文化十分关注、重视社会道德伦理，其核心是民本思想与仁善思想等道德伦理，如孟子的"民为贵，社稷次之，君为轻"，以及《尚书》中的"民惟邦本，本固君宁"，都提倡以民为本的仁爱思想；如"己所不欲，勿施于人"和"君子成人之美，不成人之恶"，将仁善视为人际交往准则。这种仁善道德观是正确而进步的思想观念，有助于实现民众间互相尊重的和谐。心中有善，光明长存，中华优秀传统文化中的仁善道德观有助于大学生保持自我为善，理解他人，学会正确处理个人与他人、个人与社会、个人与自然的关系。社会大环境中不乏少数不善之人，应该教育学生不能因少数人的不善而丢失自己的仁善，坚持做自己，为社会的和谐发展贡献力量。

（四）人格修养教育

中华优秀传统文化崇尚"仁、义、礼、智、信"等美德，强调人的价值，重视人格尊严，把加强个人自身修养作为实现人生梦想的道德基础。如孔子的"三军可夺帅也，匹夫不可夺志"，主张个人应当追寻精神境界上的崇高，讲究正义和道义；如孟子的"富贵不能淫，贫贱不能移，威武不能屈"，提倡大丈夫人格和道德上的浩然之气；如《大学》中"大学之道，在明明德，在亲民，在止于至善"，意在表明大学的宗旨即发扬光明正大的品德，鼓励人们推陈出新，使人达到最完善的境界。高校思想政治教育中应充分融入中华优秀传统文化所传递的中华优秀品格教育，引导大学生追求崇高人格，辨别善恶、遵纪守法、积极奋斗，不断完善自我，提高人生境界，在祖国发展中实现人生价值！

三、中华优秀传统文化教育实施原则

（一）中华优秀传统文化与时代精神相结合

时代精神是随着时间而变化的，一个国家和人民共同的精神追求也在不断地发展变化，展现一个时代所特有的精神实质。中华优秀传统文化之所以能够在五千年的悠久历史长河中历久弥新，正是因为它能够体现历代中华人民的思想与智慧结晶，是能够与不同时代发展精神相契合的文化精髓。因此，高校思想政治教育中要使中华优秀传统文化与高校德育有机结合，必须挖掘中华优秀传统文化与时代精神相契合的文化内涵，要以社会主义核心价值观为重点，用科学的、喜闻乐见的方式传达给学生，让学生对于中华优秀传统文化不再束之高阁、敬而远之，而是将其与时代精神相结合，易于理解，并入脑入心，如此才能真正达到教育的目的。

（二）中华优秀传统文化与道德舆情相结合

中华优秀传统文化一直注重道德情操、人格修养的培养与教育，使我们能够仁爱、宽和、正直。但是，由于当前世界多方复杂道德观的冲击，使很多大学生认为中华优秀传统文化中所倡导的道德情操与人格修养是过时的，因此无法对其形成正向引导。高校在中华优秀传统文化教育过程中应充分结合社会道德舆情案例，如到旅游景点写"到此一游"、见到摔倒的老人漠不关心等被社会舆论所唾弃的案例，能够充分证明中华优秀传统文化中所倡导的道德情操与

人格修养也是当前社会所倡导和遵循的，如果背道而驰将受到社会舆论的谴责和压力。

（三）中华优秀传统文化与行为规范相结合

中华优秀传统文化不仅能够培养一代代人的道德情操、精神境界，在行为规范上也有着重要的指导作用。其中，最具典型的要数《弟子规》，其中包含了家庭礼仪教育、个人礼仪教育、求学教育等方方面面，是启蒙养正、教育弟子长幼有序、尊师重道的最佳读物，其中"长者立，幼勿坐。长者坐，命乃坐"，"步从容，立端正。揖深圆，拜恭敬"，"唯德学，唯才艺。不如人，当自砺"等至今对人们的行为规范仍有重要的作用。因此，中华优秀传统文化融入高校思想政治教育中最有效的践行方式就是与行为规范相结合，从日常生活的点点滴滴影响大学生的一言一行。

（四）中华优秀传统文化与典型示范相结合

典型示范教育一直是教育中最具感染力和辐射力的教育方式之一。中华优秀传统文化中的历史名人事迹能够在一定程度上为现代大学生起到典型示范作用，同时中华优秀传统文化的传承与教育过程中涌现的优秀模范，正是高尚道德情操、精神境界的集中体现，与古人事迹相比又具有鲜活性与时代性的特点。因此高校应该将中华优秀传统文化与典型示范相结合，挖掘历史名人事迹，树立优秀模范，真正发挥典型示范的辐射作用。

（五）中华优秀传统文化与大学生兴趣相结合

兴趣是最好的老师，在中华优秀传统文化教育过程中，想要避免"三分钟热度"，就要深入探究大学生的兴趣导向，挖掘其与中华优秀传统文化的契合点。比如，可以参考故宫文创作品的创作思路，将中华优秀传统文化与学生对古装剧的热追连接，将古装剧中的朝代背景、语言表达、行为习惯、传统习俗和历史文化与现代社会对比，既让学生学习了历史文化的内容，更引发传统文化传承至今优越性的思考，从而提高对中华优秀传统文化的认同与学习兴趣。

四、中华优秀传统文化教育路径

（一）利用网络资源，普及优秀传统文化教育知识

中华优秀传统文化内容广泛，尤其是大部分涉及中华五千年发展的历史、人文等丰富知识，对于高校思想政治教育者，尤其是基层辅导员来说，学习和全面掌握这些知识十分困难，因此在对大学生进行中华优秀传统文化教育时，应充分利用网络，查找知识脉络，挖掘网络优秀教育资源。比如"诗词鉴赏大会"等对传统文化进行宣传的节目、公众号、书籍等。辅导员要将这些教育资源分享给学生，改变被动输入的课程教学形式，使学生感受到中华优秀传统文化的魅力，以润物细无声的方式营造师生共同学习中华优秀传统文化的热烈氛围，从而达到中华优秀传统文化普及教育的目的。

（二）开展文化活动，营造优秀传统文化教育氛围

校园文化活动是高校思想政治教育的有效载体之一，是大学生参与最广泛、最喜闻乐见的教育形式。想要将中华优秀传统文化融入高校思想政治教育中，就要探索如何将其充分融入校园文化活动

之中。根据活动的不同性质，分为以下几类：

1. 校园文化活动

大学生是校园文化活动的受众，而大学生具有的青春、热情以及爱玩等天性使得受欢迎的校园文化活动多以唱歌、跳舞等娱乐形式存在，想要将中华优秀传统文化融入校园文化活动，探索其与常见的校园文化形式的契合点尤为重要。可以以传统节日为载体，如中秋节举办中秋歌曲传唱活动、中秋团圆故事大赛、以中秋为题材的征文比赛、舞台剧创作等等。同时也要创办专门的宣传中华优秀传统文化的经典活动，如剪纸教学与展示、中华优秀传统文化书画大赛、中华传统礼仪教学与展示等，将丰富多彩的校园文化活动充分融入中华优秀传统文化色彩，营造宣传、学习、传承的校园文化氛围，使学生将中华优秀传统文化的影响带到生活中去。

2. 校园实践活动

实践活动是大学生与社会接触、学习和了解社会的有效途径，也是将中华优秀传统文化与高校德育工作相结合的有效载体。学校可以通过组织学生积极参加公益志愿活动，如到孤儿院和敬老院等慈善机构，为那里的儿童和孤寡老人准备专门的传统文化表演，不仅展示自己所学，更能亲身感受敬老爱幼的中华优秀传统。学生也可以到幼儿园或者小学进行传统文化宣传志愿活动，为小孩子讲解传统文化精粹，教授传统技艺等，从学习者变为传递者，更能让学生对传递中华优秀传统文化产生一种认同及责任感。学校也可以针对现在大学生进入青春期后与家人减少沟通以及疏远等情况，开展孝亲敬长主题的学生和家长见面会，不仅能够为学生与家人建立沟通的桥梁，也可以以此为契机让学生和家长讲述家风历史，将优秀的家风教育传递给每个大学生。

（三）依托文化基地，丰富优秀传统文化教育载体

组织学生进行人文古迹以及博物馆等文化基地的游览考察，也是中华优秀传统文化融入高校德育的一种行之有效的方法和途径。这些古迹本身就是中华民族辉煌历史的象征，其中包含着许多传统文化元素，是对大学生进行德育教育的重要素材。在参观古迹时，将当时的历史故事、文化内涵与现实生活相结合，让学生思考，在潜移默化中接受中华传统文化知识的传递。

相较于校外的文化基地而言，校内传统文化景观则具有贴近学生生活、长期教育作用等优势，因此学校应该注重校园内传统文化景观的打造，如优秀家风展示墙、具有中华优秀传统文化元素的雕塑等等，也可以挖掘学校自身历史中的传统文化历史故事，打造学校特色的传统文化教育景观元素，让学生每天都置身于中华优秀传统文化的包围中，产生自觉学习、不断践行和乐于传承的氛围。

（四）开发网络阵地，拓宽优秀传统文化教育渠道

当今网络已经成为大学生获取信息以及交流的主要渠道。网络知识传播具有传播速度快、信息覆盖广、知识碎片化等多种特点。高校应充分利用网络资源、开发网络阵地，拓宽优秀传统文化教育渠道。首先，发挥自媒体技术的桥梁作用，形成师生之间的互动。传统的面对面交谈和面对面教学有其无可取代的优势，但现在自媒体技术交流的大趋势是无法改变的，因此高校教师应该充分利用微信、QQ、易班等APP与学生进行交流，沟通传统文化学习心得，或者通过网络进行授课等。其次，高校思想政治教育者应根据自身

的特长领域，建立优秀传统文化宣传网络平台节目，如建立专门的微信公众号等，定期发布优秀的传统文化知识、网上互动活动等吸引广大学生的关注，也可以创建中华优秀传统文化的资料库，汇集一些优秀课程资源素材实现线上线下教育的互通，开发出学校特色的网络传统文化宣传教育阵地，最终实现中华优秀传统文化促进校园文化建设的目的。

第二节　革命文化教育

一、革命文化的内涵及教育意义

（一）革命文化的内涵

1. 基本概念

探讨革命文化基本概念，首先要对"革命"一词进行探讨。广义上的革命指推动事物发生根本变革，引起事物从旧质变为新质的飞跃。狭义上讲，革命主要是指社会革命和政治革命。从中国革命文化提出的历史条件以及广大学者的探讨中可以总结出革命文化的基本概念：革命文化是中国共产党领导中国人民在长期的革命实践中，不断选择、融化、重组、整合中外优秀文化思想的基础上所创造的特定的文化精神和文化形态。

2. 中国革命文化的时代演化

革命文化作为特定历史阶段所特有的文化现象，首次提出是毛泽东主席在《新民主主义论》中的阐述："革命文化，在革命前，是革命的思想准备；在革命中，是革命总战线中的一条必要和重要的战线。"在这个时期，革命文化是指新民主主义文化。

随着马克思主义中国化的不断推进，对"革命文化"的认知也不断深入。在"三个代表"重要思想的视野中，"革命文化"指新民主主义革命时期的先进文化。江泽民同志在庆祝中国共产党成立八十周年大会上的讲话中明确指出，"发展社会主义文化，必须继承和发扬一切优秀的文化，必须充分体现时代精神和创造精神，必须具有世界眼光，增强感召力。中华民族的优秀文化传统，是党和人民从"五四运动"以来形成的革命文化传统，人类社会创造的一切先进文明成果，我们都要积极继承和发扬。"自此以后，便陆续有学者对革命文化的内涵进行了探讨，有的学者认为"中国'革命文化'是中国人民在长期的革命实践中，不断地选择、融化、重组、整合中外优秀文化思想的基础上所形成的特定的文化精神和文化形态"。有的学者认为"它主要是指"五四运动"以来，中国人民在中国共产党的领导下，同西方列强及国内各种反动势力作斗争过程中所创造的，以马克思主义为指导，以争取民族独立和人民解放为主题，极具中国革命特色的先进文化"。新时期，在庆祝中国共产党成立95周年的大会上，习近平总书记讲到"在5000多年文明发展中孕育的中华优秀传统文化，在党和人民伟大斗争中孕育的革命文化和社会主义先进文化，积淀着中华民族最深层的精神追求，代表着中华民族独特的精神标识。"在党的十九大报告中，习近平总书记进一步指出"中国特色社会主义文化，源自于中华民族五千多年文明历史所孕育的中华优秀传统文化，熔铸于党领导人民在革命、建设、改革中创造的革命文化和社会主义先进文化，植根于中国特色社会主义伟大实践。"由此可见，新时期的"革命文化"

总是和"社会主义先进文化"相伴提出，并同中华优秀传统文化构成了中华文化的三种基本形态。

　　3. 革命文化与社会主义先进文化的关系

　　中华文化的三种基本形态中，主要表现为两种文化类型，一种是中国古代文化，即中华优秀传统文化，一种是中国近现代文化。而革命文化和社会主义先进文化作为中国近现代文化的代表，两者是相互交融、相互渗透的。一方面，社会主义先进文化是党领导人民在革命、建设和改革的实践中创造的，在中国革命时期尤其是新民主主义革命时期已经开始酝酿、产生社会主义先进文化因素，在中国革命进程中形成的众多的思想理论，马克思主义中国化的成果都是社会主义先进文化的重要内容。另一方面，文化是具有历史传承性和延续性的，革命文化不仅在革命时期有所体现，在社会主义建设、改革时期依然被广为传承。例如，以"全心全意为人民服务，为了人民的事业无私奉献"为核心的雷锋精神就是"爱憎分明的阶级立场、言行一致的革命精神、公而忘私的共产主义风格、奋不顾身的无产阶级斗志"在社会主义建设时期的生动体现，其既是社会主义先进文化的表征，又是对革命文化的传承。又如，铁人精神、"两弹一星"精神、焦裕禄精神等虽是社会主义先进文化的重要内容，但其中所蕴含的艰苦奋斗、自力更生的精神品质大都源于对革命精神的继承。所以，革命文化和社会主义先进文化，革命文化教育和社会主义先进文化教育是相互交融，难以分离的。

　　（二）大学生革命文化的教育意义

　　革命文化中不仅包含了革命时期的历史，更饱含了艰苦奋斗、无私奉献等重要的革命精神，加强大学生革命文化教育不仅有利于提升大学生的文化自信，丰富大学生思想政治教育资源，同时还能用革命先辈的历史故事和革命精神感染学生，帮助学生建立大爱情怀，树立正确的人生观、世界观、价值观，建立抵御错误思潮的能力，促进大学生的全面发展。

1. 提升大学生的文化自信

十八大以来，习近平总书记高度重视民族文化自觉的增进和文化自信的涵养，在多次讲话中强调了文化自信的重要意义及基本内涵，并表示文化自信是更基础、更广泛、更深厚的自信。革命文化作为文化自信的重要内容，既是对中华优秀传统文化的传承，又是社会主义先进文化的源泉，是连接着中华优秀传统文化和社会主义先进文化的桥梁，起到了传承、融合、发展创新的作用。

通过对革命历史、革命精神的教育，让学生们了解革命文化的由来、形成及特征，形成文化自觉，奠定文化自信的基础。同时通过革命文化教育进一步让学生明白，革命文化所产生的强大精神力量对历史实践发展的推动作用。正是中华民族不屈不挠的抗争精神，使得封建社会消亡、中国共产党诞生、战胜侵略者。中国特色社会主义制度、中国特色社会主义道路、中国特色社会主义理论及中国特色社会主义文化既是人民的选择，也是历史的选择。加强大学生革命文化教育有利于大学生深刻感知文化对历史发展的促进作用，增强大学生对中华优秀传统文化、革命文化、社会主义先进文化的认同，最终增强中国特色社会主义自信。

2. 提升大学生对社会主义核心价值观的认同

革命文化是社会主义核心价值观形成的文化土壤，是中国精神在革命时期的集中体现。从"五四运动"倡导的科学与民主的思想精神，到新民主主义革命时期中国共产党强调建立独立、自由、幸福的新中国思想，以及延续至今的全心全意为人民服务的宗旨，都与社会主义核心价值观中个人、社会、国家层面的要求相契合，因此加强对大学生的革命文化教育有利于增强大学生对社会主义核心价值观的认同，促进大学生对中国精神的传承和弘扬。

3. 提升大学生抵御错误思潮侵蚀的能力

文化多元化的发展，在促进各国文化繁荣的同时，也带来了错误思潮侵蚀的危害，尤其是某些西方国家通过对我国大学生进行错误思潮的输入，动摇他们的社会主义立场，这是卑鄙的政治手段，是高校思想政治教育需要重视和面对的问题。

历史文化领域出现的错误思潮主要是历史虚无主义和文化虚无主义。它们通过歪曲、否定历史史实、丑化英雄人物形象、否定中国共产党领导等方式，对没有经历过真正历史的大学生进行思想上的动摇，去破坏、动摇大学生对社会主义制度、道路、理论和文化的坚定。革命文化教育有利于帮助当代大学生树立正确的历史观，正确看待中国近代革命历史，揭露历史虚无主义的虚伪面纱。同时，以充足的史料、确凿的史实向大学生讲述中国近代革命历史，回应历史虚无主义、文化虚无主义的不实言论，有利于坚定大学生的革命文化认知，深化大学生对革命文化的感知。加强革命优良传统和革命精神的教育则有利于牢筑大学生价值体系，有效抵御错误思潮的侵蚀。

4. 促进大学生的全面发展

大学生的全面发展包含"德、智、体、美、劳"五个方面，而德育是排在第一位的。高校德育工作不仅要培养学生养成良好的道德品质，同时高尚的个人情操、人生理想、正确的三观以及良好的行为规范都是德育教育的重要内容。大学生革命文化教育不仅能够让学生传承革命时期的历史文化，同时还可以引导学生树立正确的世界观、人生观和价值观，树立坚定的理想信念，自觉抵御不良思潮的影响，让大学生在新时代多元文化碰撞的情况下，依然坚持社会主义道德标准、价值观念，积极发扬艰苦奋斗，无私奉献的优秀革命精神，锤炼和培养坚强的意志以及高尚的道德情操，促进个人的全面发展。

二、革命文化教育的内容

（一）革命理想信念教育

革命文化中蕴含了中国人民不断抗争，追求幸福的理想信念，是中国共产党人以国家、民族、人民的命运为己任的伟大理想以及实现共产主义的坚定信念，是革命文化的精髓所在，也是对大学生进行革命文化教育的首要内容。现在是和平年代，大学生对于国家前途命运的关心不像战争年代那样迫切，大多数学生只关心自己眼前的利益，不关心国家的发展、国际的形势等，这样的人无法成为合格的社会主义建设者和接班人。通过革命理想信念教育，大学生能够将自己的前途与国家发展、民族的命运紧密联系在一起，树立坚定实现共产主义的革命理想信念，并敢于追求自己的理想，从而承担起民族复兴的大任。

（二）革命斗争精神教育

革命斗争精神是面对任何困难都毫不退缩、不屈不挠、敢于斗争的大无畏革命斗争精神。这种精神一直鼓舞着中国共产党人带领全中国人民对抗压迫、战胜侵略、不断发展、铸就民族辉煌。随着时代变迁，斗争精神在当今的和平年代被赋予了更多的时代涵义，代表了面对挫折与困难不轻言放弃的积极乐观主义精神，敢于打击黑恶势力、坚决维护真理、维持正义的斗争精神。高校对大学生进行革命斗争精神教育，不仅能够提升大学生面对挫折、解决困难的能力和信心，更能培养学生勇敢正直，不向黑恶势力低头，勇于挑战的正直品格。这样的学生走向社会不仅能够时刻保持积极乐观的心态，更能积极寻求战胜困难的方法，正是建设祖国，实现民族复兴的栋梁之材。

（三）爱国主义情怀教育

爱国主义教育是高校思想政治教育中最重要的一部分，只有心怀祖国，心系民族兴衰，才能担当祖国建设的大任，尤其是青年人在个人意识逐渐成熟的过程中，能够树立坚定的爱国情怀，无论对个人发展还是对祖国建设都是至关重要的。革命文化中核心的一点就是爱国主义情怀，在革命历史中，先辈们为了祖国和民族抛头颅、洒热血，正是这一腔爱国热情支撑起一段段美丽悲壮的历史赞歌。新时期对大学生进行革命文化教育时，更重要的是与新时期对爱国主义情怀的新要求相契合，要树立强烈的国家主权观，坚决维护民族尊严，宣传国家发展成就，使学生坚持和发展新时代中国特色社会主义伟大事业；要学习先辈们的爱国情怀，不是去奉献生命，而是去努力学习，锤炼自己，将自己的发展与祖国命运紧密相连，在实现对美好生活向往的同时，肩负起祖国的复兴大任。

（四）集体主义精神教育

集体主义是主张个人利益服从集体、国家和民族利益的一种思想，它的最高标准是一切言论和行动皆要符合人民群众的集体利益。对于大学生而言，集体意识、大局意识的教育十分重要，因为人都是生活在集体中，小到班级大到国家，集体利益关系到集体中的每一个人，处理好个人与集体的关系问题是永恒的话题。大学生集体主义精神教育也是革命文化教育的一项重要内容，无论是革命时期先辈们为了集体而做出的牺牲，还是到今天大家都推崇的女排精神，无不是集体主义精神的强烈体现。要培育大学生之间互相团结、热爱集体、学会合作、关心帮助他人，当个人与集体之间的利益发生矛盾时，要以集体利益为重，将来走向社会才能以社会和国家的利益为重，堪以重任。

（五）艰苦奋斗精神培育

艰苦奋斗是中华民族的一项优良传统，正是艰苦奋斗的精神让我们的党和人民在生活环境艰难、外敌侵略、经济短缺的困境中创造发展奇迹。虽然现在的生活水平高了，物质生活极大得到满足，但是艰苦奋斗的精神不能忘，因为只有长期保持艰苦奋斗的精神才能珍惜现在的幸福生活、并坚定为子孙后代、为祖国未来奋斗的信心，否则就会被奢靡、享乐等不良风气所腐蚀，那无论对个人的成长还是祖国的发展都是十分可怕的。高校应该首先培训大学生勤俭节约的生活作风，反对奢侈，坚持勤俭，不讲排场，不摆阔气。第二，要培育吃苦耐劳，脚踏实地的处世之道，让学生有直面任何困难的勇气。第三，要培育艰苦创业的开拓精神，这是一个大众创业、万众创新的时代，大学生应该充分把握时代契机，锤炼艰苦创业的开拓精神，积极探索、勇于创新，不断奋斗，创造辉煌人生。

三、革命文化教育实施原则

（一）革命文化教育与培育和践行社会主义核心价值观相结合

纵观革命文化的内容，不难发现其中蕴含了社会主义核心价值观的内容。首先从国家层面看，革命文化是近代以来中国共产党人带领全国人民直面困境、抵抗压迫、战胜外敌、流血牺牲实现中华民族的解放和独立，实现国家的富强和民主，为人民建设美好幸福生活的历史文化，这与社会主义核心价值观中"富强、民主、文明、和谐"的内容十分吻合。在社会层面，革命文化讲述了中国共产党人带领全国人民推翻旧社会、建立新制度、倡导人人平等，社会公正法治的历史，与社会主义核心价值观中"自由、平等、公正、法治"的内容相一致。在个人层面，革命文化中先辈们为了祖国和人民，甘于奉献、艰苦奋斗的精神与理想与社会主义核心价值观中的"爱国、敬业、诚信、友善"十分契合。因此高校思想政治教育应该将革命文化教育与培育和践行社会主义核心价值观相结合，在进行革命文化教育的同时引导学生践行社会主义核心价值观，才能不断地提高当代大学生革命文化培育的实效性，更好地提升大学生思想道德等各方面素质，培育出中国特色社会主义事业合格的建设者和接班人。

（二）革命文化教育与时代精神教育相结合

当前，我们国家的时代精神是以改革创新为核心，同时涵盖与时俱进、开拓进取、求真务实、奋勇争先等一系列内容，反映了中国人民的精神风范和优良品质，这正是中国革命文化所展现的先辈们奋发有为、锐意进取、实事求是精神特质的延续与转化。因此，高校思想政治教育中，应该将革命文化教育与时代精神教育相结合，以价值观的培育与思想道德教育为基础，将革命文化中转化为时代精神的内容发展创新，教育大学生继承革命先辈们的优良传统与革命精神的同时，结合时代特征，以包容开放的态度汲取其他文化的优秀成分，并加以发展、创新。

（三）革命文化理论教育与实践教育相结合

革命文化教育与其他科学教育一样，应该将理论教育与实践教育相结合，以理论知识为基础结合实践活动对理论知识加深认识，在这样的教育过程中，才能使学生更加深入地理解革命文化的深刻内涵。革命文化理论知识主要以革命时期的历史知识为主，单纯的理论教育不能充分激起大学生的学习热情，应该结合课堂下的实践活动，如参观革命纪念馆、观看红色革命影片、开展革命英雄事迹讲述会等实践活动，使大学生更加深化关于革命文化的认知，树立坚定的理想信念，培养良好的思想品德和行为习惯。

（四）革命文化显性教育和隐性教育相结合

革命文化教育中，无论是课堂上的革命文化知识教育、还是课堂下的参观、观影等实践活动都是带着显而易见的教育目的而存在的，也就是革命文化的显性教育。对于教育受众的大学生而言，这些显性教育是必不可少的，可以让他们充分学习关于革命文化中的理论知识，但对于其中精神实质的感受可能仅仅停留在学习的那一刻，或者一小段时间。当他们回归日常生活中时很容易遗忘，不太容易自觉地运用这些理论知识和精神鼓舞和帮助自己，因此革命文化的隐形教育就变得十分必要。要将革命文化的精神内涵与学生的日常生活、行为、环境等结合与渗透，以润物细无声的方式传递给学生，让他们在不知不觉中将革命文化的精髓学习运用到日常的思维模式和行为习惯中，如注重校园文化景观中革命文化教育元素的挖掘、校园文化活动中革命文化教育的渗透等，不仅可以巩固革命文化显性教育的成果，更能提高学生吸收和利用所学的效率。

四、革命文化教育路径

1.利用网络资源，推进革命文化知识教育

课堂教学虽然是革命文化教育的重要途径之一，但具有时间、地点等局限性，因此除了革命文化理论教师之外，高校思想政治教育工作者应该多利用网络资源将革命文化知识传递给学生，开辟第二课堂。比如，以国家推行的"四史"教育为契机，深入挖掘互联网上相关的优秀教育平台、及时将网络上的教育资源与学生共享，用学生喜欢的交流方式传递革命文化知识，使革命文化知识更加贴近学生的日常生活，更易于被接受。

2.建设校园文化，营造革命文化自信氛围

将革命文化教育融入高校校园文化建设是革命文化隐性教育的重要渠道。校园文化具有直观具体、情景交融、形象生动的优点，是以渐进式的渗透和耳濡目染的影响达到教育的目标。比如，用革命文化元素装点校园、打造具有革命文化元素的校园景观等方式都是将革命文化元素融入校园环境文化的有效途径。开展红歌比赛、红色故事会、红色经典舞台剧表演等多种校园文化活动，将革命文化元素融入到学生喜闻乐见的校园活动中，让学生在参加活动体验快乐的同时学到了革命文化的知识。高校思想政治教育者还应该充分探索本校发展历程中所蕴含的革命文化精神，将其运用到校园文化建设中，让学生感受校友为学校发展、社会进步所作出的贡献，受到革命文化精神的感染与洗礼。

3. 依托党团组织，筑牢革命文化教育阵地

思想政治教育理论课是大学生革命文化教育的主渠道，而日常思想政治教育则是大学生革命文化教育的主阵地。高校的党团组织、学生社团在大学生革命文化教育中起到了至关重要的作用。通过高校党校平台，将革命历史、革命精神、革命优良传统等内容融入到党课教育教学中，通过对党的英雄人物事迹的学习加强革命优良传统教育；以五四青年节、一二·九纪念日等节日为契机，将革命文化教育内容融入学生党支部、团支部的组织生活和实践活动中，将革命文化落细、落实，通过学生自主创新活动的方式，发挥学生的主观能动性，提升革命文化教育的实效性及亲和力；依托学校社团，开发学生社团中可以融入革命文化教育的活动性形式，同时创建红色主题社团，通过开展社团文化活动，让大学生革命教育实践活动深入到大学生的生活学习中。

4. 开发网络阵地，拓宽革命文化教育渠道

在新媒体时代，以微博、微信、移动 APP 为代表的新媒体已经深度融入到大学生的生活当中，日益改变着大学生的生活及学习

方式。因此革命文化教育除了传统的教育渠道之外，应该积极开发网络阵地，善于利用新媒体传播速度快、传播范围广、互动性强等优势，进一步创新革命文化教育方式，加快与新媒体技术的融合，增强革命文化教育的实效性。比如，利用学校网站、学校官方微信、微博账号等学校主流媒体积极进行革命文化知识的推广；利用微信公众号、微博等开发革命文化教育网络栏目，讲述革命文化历史故事、英雄人数事迹等，提升当代大学生对革命文化的认知认同。当然，由于网络存在隐匿性等特点，各大高校在开发网络阵地的同时，还要建立一支网络舆情监控队伍，对于网络中的不良舆论进行监控、澄清和引导，充分发挥网络革命文化教育的引导作用。

5. 深挖红色资源，提升革命文化实践教育

革命文化资源是具有当代价值的革命精神资源及其物质载体的总和，其中革命文化物质资源作为一种文化遗产承载着中华民族和中国共产党在革命时期的历史记忆，具有极强的教育价值。加强大学生的革命文化教育，必须深挖所能利用的红色资源，并进行整合利用，以实现其价值的最大化。革命文化资源包括革命文化遗址遗迹、纪念馆、陈列馆、展览馆、烈士陵园等，这些文化遗产由于地域的限制导致学生日常教育参观开展存在困难，因此，要充分利用假期开展社会实践，组织学生到革命老区、革命遗址旧址去参观学习、调研、实习，通过实地体验、实地感受增进大学生对革命历史的了解，增强大学生对革命文化的感知认同，鼓励大学生传承革命精神及革命优良传统。同时，挖掘当地的革命文化资源，将参观革命文化资源融入日常的教学中，积极向学生展示革命文化物品，比如档案馆的红色史料，革命烈士的物品及红色艺术品等等，激发大

学生与革命文化的情感共鸣，拉近大学生与革命文化的距离，促进大学生对革命文化的认知认同。

第三节 社会主义先进文化教育

一、社会主义先进文化的内涵及教育意义

（一）社会主义先进文化的内涵

1. 社会主义先进文化的内涵

新中国成立以来，中国共产党领导全国各族人民在社会主义建设进程中形成的社会主义先进文化，是马克思主义文化中国化的理论成果，是在马克思主义的科学指导下形成的蕴含着马克思主义的立场、观点、方法等的中国特色社会主义文化，体现着马克思主义理论体系的内在先进性与科学性。社会主义先进文化是经过中国发展实践检验的科学文化，为我国经济、政治、社会、生态文明等现代化建设的各个领域提供着科学的强大助力。

2. 社会主义先进文化与中国传统文化、革命文化的关系

从时间上看，中华优秀传统文化属于中国古代文化，革命文化与社会主义先进文化均属于中国近代文化，因此革命文化与社会主义先进文化都有着中华优秀传统文化的传承，同时革命文化和社会主义先进文化都是在马克思主义主导下发展起来的。但由于发展时期社会现状不同，革命文化是在中国寻求解放的战争时期产生的，多以争取民族独立和人民解放为主题，极具中国革命特色的先进文化。社会主义先进文化则是新中国成立以来，中国共产党领导全国

各族人民在社会主义建设进程中形成的文化。虽然二者主题不同、时代不同，但是革命文化是社会主义先进文化形成的基石，社会主义先进文化是中国传统文化与革命文化的继承与创新。

（二）社会主义先进文化的教育意义

社会主义先进文化是新中国成立以来，中国共产党领导全国各族人民在社会主义建设进程中形成的社会主义先进文化，是马克思主义文化中国化的理论成果。对高校大学生进行社会主义先进文化教育，不仅能让他们掌握马克思主义唯物论、历史观的科学知识与思维方式，提升社会主义文化自信，更能从其中的文化精髓——社会主义核心价值观中，解决树立怎样的"三观"、树立什么样的理想信念以及做什么样的人等人生发展问题。

1. 提升大学生社会主义文化自信

当前文化多元发展，社会思潮相互交融，给大学生带来了前所未有的思想冲击。面对西方各种思潮和价值观的挑战，高校应该利用社会主义先进文化的优势、显而易见的实践成果，加强大学生的思想政治教育，提升大学生社会主义文化自信。大学生热爱自己的国家，热爱国家的文化，并坚信文化的科学性与先进性，充分树立中国社会主义文化自信，能够辩证地看待东西方文化差异，方能从容面对西方思潮与价值观的冲击，做坚定的社会主义拥护者。

2. 有利于大学生树立正确的世界观、人生观和价值观

大学生正处于个人意识强烈，但还不够成熟的特殊阶段。在这一阶段，他们开始思考世界和人生，对于社会主流价值观和各种社会思潮开始思考和辨析，对于个人价值、集体认同、理想信念等逐

渐形成自己的看法。但由于年龄与阅历有限，他们常常处在困惑、迷茫的阶段，因此帮助他们树立正确的世界观、人生观和价值观，理清个人价值与国家社会的关系，帮助他们建立成熟的个人意识尤为重要。

文化认同能够满足人们自我价值感、自我身份定位的需求，同时文化认同是一种个体的"自我"，对社会存在和社会意识经过反思性的理解而相互适应和融合的过程和结果。社会主义先进文化中包含了社会主义核心价值观，大学生认同中国特色社会主义先进文化，有助于形成正确的行为规范、成熟的价值追求以及高尚的精神支撑，不仅能够在大学生集体中得到认同，同时可以帮助他们抵御不良思想的侵蚀，树立远大的理想信念，加深大学生对中国特色社会主义群体的认同感、归属感，主动积极地参与到中华民族伟大复兴的建设中来。

3. 提升大学生的思想道德修养和文化素养

"大学生的文化素养是由文化知识、文化能力和文化态度构成的多层次统一体。文化知识的获取离不开对文化的认同，文化鉴别和创造能力离不开对文化的自信，文化态度更是文化自信的题中之义。文化素养的培养需要内外兼修，以对文化发展规律的正确认识和对文化创新的责任担当来塑造"。社会主义先进文化是中华优秀传统文化的和革命文化的传承与发展，是马克思主义中国化的科学理论成果，因此加强高校社会主义先进文化的教育，可以提高大学生思想道德修养和文化素养，有利于大学生的全面发展。

二、社会主义先进文化的优秀性

1. 继承性

中华优秀传统文化是中华民族五千多年历史长河中发展形成的独特的精神追求，是中华人民的智慧精华，为社会主义先进文化的形成提供了重要的思想资源，其中有生命力和影响力的内容继续保留在中国文化的现代传统中。革命文化是在党和人民的伟大斗争中孕育和发展出来的，体现了马克思主义主导下的中国近现代文化的发展及其成果，是社会主义先进文化不可动摇的基石。社会主义先进文化继承了中华优秀传统文化中的文化精髓以及革命文化中的革命精神与理论内涵，具有鲜明的继承性。

2. 科学性

社会主义先进文化是新中国成立以来，中国共产党领导全国各族人民在社会主义建设进程中形成的马克思主义文化中国化的理论成果，是在马克思主义的科学指导下形成的蕴含着马克思主义的立场、观点、方法等的中国特色社会主义文化，体现着马克思主义理论体系的内在先进性与科学性。社会主义先进文化是经过中国发展实践检验的科学文化，为我国经济、政治、社会、生态文明等现代化建设的各个领域提供了强大助力，具有高度的科学性。

3. 民族性

社会主义先进文化充分吸收了中华优秀传统文化的智慧和精华，充分体现了以爱国主义为核心的民族精神，具有民族特色。任何一个国家和民族文化的发展都离不开一定的文化传承，社会主义先进文化汲取传统文化的精华，弃其糟粕，同时与现代文化相融合，古为今用，兼容并包，能够充分挖掘和阐发中华优秀传统文化的思想价值，展现中华民族独一无二的精神之魂。

4. 人民性

社会主义先进文化充分体现了以人为本的原则，具有鲜明的人民性。社会主义先进文化的形成过程就是一个不断解决人民群众需求的过程，从文化事业、文化产业的发展、文化产品和服务的攻击以及建立健全面向群众、服务群众的文化体制机制，都是让社会主义先进文化的成果惠及人民。同时社会主义先进文化发挥了人民群众的主体作用，从人民生活实践中获取文化创造的源泉和动力，为人民群众提供舞台，使得人人都能够发挥自身天分和潜能，成为社会主义先进文化建设工程中的优秀建设者。

5. 开放性

社会主义先进文化的发展吸收了人类文明进步的有益成果，具有开放性特征。当前世界科技革命快速发展、信息网络十分发达，社会主义先进文化不仅汲取中华优秀传统文化的精华与革命文化的精髓，更经过时代的变迁，不断汲取全球文化的优秀资源，通过加强文化领域的人才引进工作，加强技术、理念和经营模式的学习和吸收，提高版权、知识产权等的文化保障机制，鼓励文化单位同国外进行合作、交流，鼓励科学技术研发的外包服务，开展国际合作，同时大力实施"文化走出去"工程，推动文化产品和服务的出口，开展多渠道、多形式和多层次的对外文化交流，进一步展现我国开放、文明、兼容并包、充满活力的文化大国形象。

6. 创新性

文化是人类智慧与劳动文明成果的结晶，是祖祖辈辈不断开拓、奋进、创新累积而成的丰硕成果，创新是文化的本质特性，任何优秀的文化作品都是来自于后人对前人的超越。可以说，文化的生命力就是文化的创造力。社会主义先进文化是新中国成立以来，中国共产党领导全国各族人民在社会主义建设进程中形成的马克思主义文化中国化的理论成果，是经过几代领导人带领全国各族人民不断探索、奋斗，并结合时代发展特征不断创新和进步的成果，因此创新性是社会主义先进文化具有的优秀的本质特点。

三、社会主义先进文化教育的内容

（一）中国特色社会主义理论成果

中国特色社会主义理论体系是包括邓小平理论、"三个代表"重要思想以及科学发展观在内的科学理论体系，是对马克思列宁主义、毛泽东思想的坚持和发展。这一理论体系凝结了几代中国共产党人带领人民不懈探索实践的智慧和心血。党的十九大报告及经十九大修正后的《党章》均表明，习近平新时代中国特色社会主义思想是中国特色社会主义理论体系的重要组成部分。

中国特色社会主义理论体系在新的时代条件下系统回答了什么是社会主义、怎样建设社会主义，建设什么样的党、怎样建设党，实现什么样的发展、怎样发展等重大问题，科学地阐明了中国特色社会主义的思想路线、发展道路、发展阶段、根本任务、发展动力、发展战略、依靠力量、国际战略、领导力量等重要内容，是贯通马克思主义哲学、政治经济学、科学社会主义等领域，覆盖经济、政治、文化、社会、国防、外交、统一战线、祖国统一、党的建设等方面的系统的科学理论体系。这个理论体系创造性地提出了一系列新的重大理论观点和战略思想，实现了马克思主义中国化的第二次历史性飞跃。对于高校大学生而言，这些内容无疑是重要的学习内容。

（二）中国特色社会主义核心价值观

核心价值观是一定社会历史发展阶段的产物，以社会相应的政治、经济和文化作为基础，在社会中始终占据着主导地位，为大多数社会成员所认同和信仰，是辐射全体的观念形态。党的十八大报告中将中国特色社会主义核心价值观表述为 24 个字：富强、民主、文明、和谐；自由、平等、公正、法治；爱国、敬业、诚信、友善。这是从国家、社会、个人三个层面提出了社会主义核心价值观的要求，凝聚着中华民族最深重的理想和最深远的追求，集中体现了民族精神内核和民族核心价值观，旗帜鲜明地表述了中国特色社会主义奋斗目标。

社会主义先进文化中，社会主义核心价值观是最重要的精神内核，因此高校思想政治教育中，中国特色社会主义核心价值观教育是最核心的内容。通过引导大学生自觉学习和践行社会主义核心价值观，让他们更深层次地理解国家与社会的社会主义追求以及个人层面的价值准则，帮助他们树立正确的世界观、人生观、价值观，形成良好的行为规范，树立坚定的社会主义理想信念，不断学习、提高专业技能，为实现中华民族伟大复兴贡献自己的力量。

（三）以爱国主义为核心的民族精神

中国共产党历代领导集体对中华民族精神都进行过提炼，江泽民同志对中华民族精神的内涵进行了界定：在五千多年的发展中，中华民族形成了以爱国主义为核心的团结统一、爱好和平、勤劳勇敢、自强不息的伟大民族精神。习近平同志对中华民族精神又做了新的升华，提出中华民族精神是以爱国主义为核心的中华民族勤劳勇敢、敬业奉献民族精神中的"创造精神"，勤劳勇敢、自强不息民族精神中的"奋斗精神"，团结统一、爱好和平民族精神中的"团结精神"，以及追求理想、矢志不渝的"梦想精神"。

因此高校思想政治教育过程中，要突出爱国教育，强调创造精神、奋斗精神、团结精神以及梦想精神的教育，让新时代的大学生成为富有创造精神、奋斗精神、团结精神以及梦想精神的新一代，并时刻用这样的民族精神激励自己不断前行。

（四）以改革创新为核心的时代精神

以改革创新为核心的时代精神，是中国共产党人结合国情，将马克思主义的思想内核与中国发展具体实践紧密结合而得到的宝贵财富，是中国人民紧跟时代步伐，要求不断进步的精神核心。其内涵是根据时代发展要求，不断革新落后事物，针对社会需求，创造新的事物，是改革和创新的完美融合。其中包含了解放思想、实事求是、求真务实、勇于学习、博采众长、敢于冒险，不断进取的精神内容。

因此，高校思想政治教育过程中，要将以改革创新为核心的时代精神内容进行全面解读，渗透到大学生学习、生活的方方面面，让他们树立解放思想、实事求是、求真务实、勇于学习、博采众长、敢于冒险，不断进取的精神态度，无论对待学习、生活、工作乃至个人成长都是至关重要的精神指导。

四、社会主义先进文化教育路径

1. 利用网络资源，讲好中国故事，读好中国精神

讲故事是最能够传递思想的途径。精彩而丰富的故事是国家形象和民族精神的形象写实，不同的故事蕴含的是不同的历史传统与文化价值，体现的是不同的人文情怀与思想观念。高校进行社会主义先进文化教育首先要利用好网络资源，充分诠释中国形象、中国道路，要讲清楚中华民族对于世界历史文化发展的重大贡献、讲清楚中华民族近代以来英勇抗争的历史及其表现出来的伟大精神、讲清楚中国特色社会主义伟大实践所取得的巨大成就及其彰显出来的当代中国价值观念，讲好中华民族伟大复兴中国梦的故事，用中国故事诠释中国精神。讲好中国故事要充分考虑大学生的心理特点，选取他们感兴趣的话题展开故事，同时也要充分研究讲故事的方式方法。讲故事的逻辑架构要考虑大学生的思维习惯和接受方式，转化成他们易于理解的形式，同时要注意艺术化的表达方式，增加故事的生动性及感染力。最后要将讲故事的平台从课堂扩大到网络，从而使中国精神的传播更深更广。

2. 开展文化活动，营造社会主义先进文化氛围

校园文化活动是高校思想政治教育中最直接也是最受学生欢迎的教育载体，因此要在校园文化建设中充分融入社会主义先进文化内容，充分展现社会主义核心价值观、以爱国主义教育为核心的民族精神以及以改革创新为核心的时代精神。比如，举办宣传社会主义核心价值观的演讲比赛、爱国主义主题的故事大赛、参观历史文化博物馆，祭扫烈士陵园，开展道德模范讲座等活动，同时要充分利用学生社团这一有效途径，将社会主义先进文化教育内容与社团

活动相结合，也可以建立创新研究社团等主题社团，专门进行社会主义先进文化的宣传活动等，普及和深化大学生对中国文化、主流意识形态相关知识的认识和理解，提升大学生对民族的自豪感、自尊心、自信心。

3. 组织社会实践，践行社会主义核心价值观

高校在建设校园文化的过程中，不应该局限于专业和学科的限制，也不应该局限于理论层面，更要在为学生提供实践机会方面发挥自身最大的作用。高校的社会实践活动可以使大学生走入社会，了解社会的现状、发展需求以及社会主义核心价值观的重要作用，让大学生亲身走入宣传和践行社会主义核心价值观的行列。同时，高校应该将改革创新融入学习和社会实践中，通过建立双创基地，为学生自主创业提供机会。通过校企联合，为学生提供更多实习岗位，让学生掌握更多实践能力。多组织创新性的实践活动，大力弘扬创新意识，为高校大学生营造良好的创新创造的氛围。

4. 完善志愿服务，提升社会责任与时代使命感

高校志愿服务的作用在于，大学生在实际志愿服务行动中能够切身感受到个人道德责任对国家和社会的责任与义务，在践行志愿精神的同时，使自己的精神品德得到提高，不断提升社会责任感和时代使命感。常见的志愿服务多为关心孤儿、老人、残疾人等活动，也有一些宣传公益的志愿宣讲活动。高校应该加大对社区服务、"三支一扶""大学生志愿者服务西部计划"等志愿活动的宣传，引导学生感恩党、国家、社会、家庭，到国家最需要的地方去，真正实现自己的社会责任和时代使命，开启大学生新时代新形势下的崭新精神风貌。当然为了更有效地推进志愿服务，就要推进

完善高校志愿服务制度，搭建志愿服务平台，对志愿者的服务时间及服务质量进行有效监管，以达到激励志愿者，保障其自身权益的良好机制，更好地践行志愿服务精神。

5.开发网络阵地，拓宽社会主义先进文化教育渠道

在新媒体时代，以微博、微信、移动 APP 为代表的新媒体已经深度融入大学生的生活当中，日益改变着大学生的生活及学习方式。因此社会主义先进文化的传播更应该借助这一传播媒介、信息载体、大众平台，确保社会主义核心价值观、民族精神与时代精神社会主义先进文化主要教育内容能够有效传播和培育，促进当代大学生的全面发展。首先应该充分利用校园网新媒体平台，将其作为宣传核心思想的重要阵地、依托网络媒体平台组织相关主题的文化活动，并且给予物质与精神奖励。其次，建立微信公众号等传播平台，有针对性地进行宣传栏目的创建，通过定期分享文章等方式，讲述中国故事，宣传中国精神。最后，还可以通过 qq、微信、微博等组建群组，透过交流平台传播有效信息，展现民族与时代特色，通过历史故事、政治言论、时事观念影响大学生的思想，促进其健康成长。

第六章　以增强学生心理素质为核心的心理教育

第一节　大学生心理健康教育知识概述

一、大学生心理健康基本知识

（一）心理健康的概念及大学生心理健康的标准

1.心理健康的概念

《简明不列颠百科全书》将心理健康解释为："心理健康是指个体心理在本身及环境条件许可范围内所能达到的最佳功能状态，但不是十全十美的绝对状态。"这说明心理健康是一种不断变化、修复、协调以达到心理状态与身体机能及外部环境平衡发展的动态过程。因此，心理健康作为健康的一个重要组成部分，代表了一种持续的、积极的心理状态，使人的认知、情感等内在心理活动与外部行为能够协调发展，能够适应环境和现实社会的要求，具有生命活力，能够充分发挥其身心潜能。从广义上讲，它是一种持续高效且满意的心理状态；从狭义上讲，心理健康于内是知、情、意的统一，于外是个体人格完善协调，社会适应性良好。

　　2. 大学生心理健康标准

　　判断心理健康与否通常有以下四种方式：一是以自我主观感受为标准的经验性标准判断；二是以社会中大多数人的常态为参照标准的社会适应性标准判断；三是通过大数据测算的心理量表类的统计学标准判断；四是将个人以往生活中形成的稳定行为模式作为正常标准的自身行为标准判断。但无论哪种判断方法都无法绝对准确地判断一个人的心理健康情况，我们的目标是积极关注自我，保持身心愉悦。

　　一般而言，在探讨大学生心理健康标准时主要把握三个标准，即相对性、整体协调性和发展性。由于大学生的普遍年龄在18—25岁之间，正处于青年中期，但由于其特殊性，又不能完全等同于社会上的青年，所以根据我国大学生的实际情况，评判大学生的心理健康水平应从以下几个标准进行综合判断：

　　（1）智力正常

　　正常智力水平是人们生活、学习、工作、劳动所需的最基本的心理条件，是能够有效地适应环境及环境变化的能力。也就是人的观察力、注意力、记忆力、想象力、思维力、创造力及实践活动能力等的综合能力。对大学生而言，智力正常即为能够正常地适应大学学习、生活节奏，能够通过学习来适应大学学习、生活与环境的要求及变化，并能够充分地发挥自我效能，即有强烈的求知欲，乐于学习，能够积极参与学习活动。

　　（2）情绪健康

　　情绪稳定与心情愉快是情绪健康的重要标志。情绪稳定表明一个人的中枢神经系统处于相对平衡的状态，意味着机动功能的协调。喜怒无常是情绪不健康的表现。心情愉快表示人的身心活动和谐与满意。一个人心理上快乐，则整个身心都处于积极向上的状态，对一切充满希望。如果一个人常常愁眉苦脸、灰心绝望，则是心理上不健康的标志。情绪健康的人能够积极主动地调节自我情绪，既会合理宣泄又能理性调节，在进行表达、宣泄以及调节时使自我需求能与社会需求共同得到满足。同时还能保持情绪的稳定和心情的开朗，做到对生活乐观向上、充满希望。

（3）意志健全

意志是决定个体完成有目的的活动时进行的选择、决定与执行的心理过程。意志健全者其行动的自觉性、果断性、顽强性和自制力等方面都会表现出较高的水平。意志健全的大学生在各种活动中会表现出自觉的目的性，能很好地做出决定并运用切实且有准备的方式解决遇到的问题。在困难以及挫折面前能够采取合理的应对方式，并在行动中控制自己的情绪，而不会盲目、畏惧困难、顽固执拗。

（4）行为协调

心理健康的人思想与行动也是统一的、协调的，行为有条不紊，做起事来按部就班。心理不健康的人，其行为是矛盾的、分裂的，做事有头无尾，语言支离破碎，思维不时矛盾，注意力不集中。

（5）人际关系和谐

人际关系是否和谐往往能反映人的心理健康状态，与人正常、友好的交往是保持心理健康的必要条件及重要方法。和谐的人际关系一般表现为乐于与人交往，且有知心朋友；在交往中能够保持独立完整的人格，不卑不亢；可以客观地评价他人和自己，学习他人优点，宽以待人，乐于助人，具有积极的交往态度及端正的交往动机。

（6）反应适度

人的反应强度存在个体差异，有的人反应敏捷，有的人反应迟缓，但正常情况下这种差别有一定的限度。反应敏捷不是反应过激或过于敏感，反应迟钝也并不是没有反应。以大多数人的反应为基准，异常兴奋或异常淡漠都是反应不适度的表现，是心理出现不健康的征兆。

（7）社会适应正常

社会适应正常是指个体能通过改变自己或者改善环境积极适应环境。个体对客观环境有正面的、合理的认识，能够用辩证的观点来看待社会中的正反两面，能够用积极的心态适应社会大环境并为社会奉献力量，乐于将自我融入社会之中。

（8）心理行为符合大学生的年龄特征

任何心理状态都会通过外在行为进行显现，不同的年龄阶段有不同的心理特点，如儿童天真活泼，青年朝气蓬勃，老年沉着老练。大学生是处于特定年龄阶段的特殊群体，应具有与年龄和角色相适应的心理行为特征。如果青年人出现了记忆力不断减退、孤独感强等老年人心理特征，心理就是不健康的了。

需要注意的是，一个人的心理健康状况是不断变化的动态过程，心理健康与不健康之间并无明显的界限，很多心理问题都会随着成长自行解决，只有小部分的心理问题可能会因忽略、反复出现、其他因素刺激等发展成为心理障碍或者心理疾病。辅导员应关注学生的心理健康状态，及时发现问题，在需要的时候加以干预，矫正心理发展轨迹，使学生能够以积极的心态面对学习和生活。

（二）大学生的自我意识

自我意识是指一个人对自己的身心状况与特征，自己与他人、与周围世界的关系的意识。自我意识具有复杂的心理结构，是一个包含认知、情感、意志等多种心理机能的完整的多维度、多层次的心理系统，它贯穿于人的各种心理活动中，核心内涵是人的人生观、价值观和世界观。健全的自我意识不但是一个人心理健康的有效保证，也是一个人完善自我、实现自我价值的重要途径。

1. 自我意识的组成

（1）生理自我

生理自我是指个人对自己生理状况的认识和体验，包括身高、体重、容貌、身材等方面的认知，以及对舒适感、病痛感、占有感、支配感等方面的体验。这些意识是一个人在与他人交往中通过学习逐渐形成的。生理自我使一个人把自我和非我区别开来，将自己从客观事物中区别出来，意识到自己不是别人，自己的生存是寄托在自己的躯体上的。生理自我是自我意识的最原始形态。

生理自我是人的天性使然，我们只能接受而不能改变它。随着自我意识的成长，我们应该对生理自我有一个清晰而正确的认识，学会积极地悦纳自我和接受自我。大学生由于思想发展的不稳定性，往往在关注自身生理状况时，产生的自我评价不够客观，常常伴有自卑和自信的双重心理体验。

（2）社会自我

社会自我是指个体对自己与外界客观事物之间相互关系的认识、体验和评价，包括个体在周围客观环境及各种社会关系中的角色、地位、权利、义务、责任等的意识。社会自我是随着社会化进程，在个体逐渐学习角色并实践角色的过程中出现的。随着自我意识的发展，个体的社会角色感、责任感和义务感将会不断增强，每个人在社会生活中都希望得到他人的认可、理解和尊重，一旦失去了周围人们的肯定和认同，就会感到孤单、无助和失望。

（3）心理自我

心理自我是指个体对自己的心理活动、个性特点及心理品质的认识、体验和评价，包括对自己的知识、能力、兴趣、爱好、情绪、性格、气质等的认识和体验，是自我意识的核心内容。心理自我是自我评价的关键因素，对自己评价过低，认为自己的智商不高、能力不足、性格不好、自制力差等，就会产生自我否定的意识；如果对自己评价过高，又容易产生自负的不良意识。正确客观评价自己是大学生健康成长的关键。

2. 自我意识的表现形式

（1）自我认识

自我认识是指一个人对自己各种身心状况的认识，包括：自我观察、自我观念、自我分析和自我评价等。

（2）自我体验

自我体验是指一个人在自我认识的基础上产生的对自己所具有的情感体验，是个体对自我评价的结果是否符合自我需要、期望，从而产生的一种情感体验。它强化着自我认识，决定了自我控制的行动力度包括自尊、自爱、自卑等。

（3）自我控制

自我控制是在自我认识的基础上，在自我体验的推动下，个体对自己心理活动和行为的自觉而有目的地调整，反过来又对自我认识、自我体验起着调节作用。自我控制是指不受外界诱惑因素影响，能够调节和控制自己的情感冲动和行为的一种意志力强的表现，包括自主、自立、自强、自卫、自制、自律等。

自我认识是自我意识的核心，是自我体验、自我控制的基础，决定着自我体验的主导心境和自我控制的主要内容。自我认知、自我体验、自我控制三者密切联系、相互影响，形成了完整的自我意识。

3.大学生自我意识健全的标准

正确健全的自我意识是大学生心理健康的重要标志，是大学生人格形成、发展和优化的强大动力，培养大学生健全的自我意识对大学生的成长至关重要。自我意识健全没有绝对的标准，普遍认为应满足以下几点：

（1）正确地认识自己

人应该正确认识自己的身体、情感、能力、思想等，对自己做出客观的评价，不贬低也不高估自己。

（2）愉快地接纳自己

接纳自己是健全的自我意识建立十分重要的一环，大学生对自己的一切不但要有充分的了解和正确的认识，还要坦然承认与欣然接受。对于无法改变的生理自我欣然接受，对于可以通过努力成长的社会自我与心理自我，则通过不断地学习进行提高与改进。

（3）自觉地控制自己

自我控制是大学生健全自我意识中最重要的调节机制，是大学生在正确认识自己，想要改进自己的过程中如何达到目的的重要环节，是大学生心理成熟的最高标准。

（三）大学生心理健康的特点

1. 大学生认知心理的不全面性

大学生普遍已成年，认知能力基本成熟，自我独立思考能力逐渐提高，并表现出敢于质疑，敢于挑战权威，敢于表达自我见解的特点。但是由于受到社会经验不足的局限，往往对待事物的认知会出现以己推人、以偏概全的情况，因此对复杂的事物难以辨别真伪，容易被表面现象迷惑。

2. 大学生情绪情感发展的波动性

高中时期紧张的学习氛围和压力往往使学生压抑或忽视自己的情感体验和情感需求，进入大学后他们的情感体验及需求得到充分的释放，并逐渐成熟。他们对待爱情和友情充满渴望，积极向上，勇于追求。但由于情绪情感发展还未成熟，处理情感与调节情绪的能力不足，因此大学生情绪受到情感变化的波动十分明显。当情感需求被满足时就会高兴和愉快，当情感需求受挫时悲伤和挫败情绪很难掩饰并将持续一段时间。

（3）大学生自我意识的矛盾性

大学生的自我意识已经逐渐成熟，正处于能够接纳生理自我，不断感受与评价社会自我和心理自我的阶段。同时，大学生的自我意识又存在着现实自我和理想自我的矛盾，主要来源于对社会环境的认识导致对理想自我的不断修正。由于对负面社会信息的判断力与理解力不足，往往导致大学生的理想自我实与现实自我的差距不断变大，致使一些学生丧失人生目标，在学习过程中，出现动力不足、迷茫，甚至丧失信心，甚至荒废了宝贵的大学学习生涯，限制了自我的发展。

4. 大学生性意识的发展性

大学生的性意识从高中时萌发，到成年后已基本明朗，生理发育已经基本成熟，与异性接触的需求也逐渐显现出来。往往表现出对异性比较关注，总是以直接的或间接的方式接近或者引起异性的注意，对爱情充满渴望与追求。但由于此时大学生对于处理与异性之间的关系尚处于开始与探索阶段，不够成熟，往往会因为与异性的交往问题而出现多种烦恼与不安。

5. 大学生智力水平发展的突破性

大学生正处于青年中期，此时的智力水平因为生理成长与社会接触面增大得到了突破性发展。他们的逻辑思维能力迅速发展，随着与社会环境的接触增多，社会实践活动的参与增加，大学生已经可以较为全面地对客观事物及现象进行分析并把握本质，思维的独立性与批判性得到发展。随着逻辑思维能力的提高，思维中的独立性与批判性凸显出来，他们开始有自己的见解和判断，开始对书本和权威产生质疑，此时如果缺乏正确的引导十分容易导致偏执。他们思维的灵活性和敏锐性迅速发展，能够迅速接受新思想、新观念，迅速更新思维认知结构，同时思维方向变得多样，可以从不同的角度，用不同方法思考问题。他们思维的创造性得到发展，由于大学阶段多处于一种开放的学习与生活状态，因此思维开始活跃并富于创造性，常常能提出一些新的见解。

二、大学生心理素质基本知识

1. 心理素质的概念

素质是以人的生理和心理实际为基础，以其自然属性为基本前提的。心理素质是以遗传生理为物质前提，在外界环境的作用下，通过社会实践所形成与发展起来的，相对稳定的个性心理特征以及基础性的心理结构和心理品质的综合。

2. 心理素质构成要素

中国心理学会学校心理学专业委员会副主任华南师范大学心理与行为学部副部长郑希付教授根据中国大学生群体心理素质发展特点和群体结构，总结以往的研究成果，优化编制出信度和效度较高的《大学生心理素质量表》。根据该量表可以总结出大学生心理素质由性格特征、职业能力、人际管理、心理动力、学习心理以及自我意识6大要素构成。

（1）性格特征素质

性格特征素质是反映大学生性格特点的素质，主要包括责任感、自信心、情绪调节力、意志坚强度、独立性、受挫能力等方面。

（2）职业能力素质

职业能力素质是体现大学生在职业发展方面的能力素质，主要包括竞争能力、决策能力、社会知觉能力、合作能力、自我提升能力等方面。

（3）人际管理素质

人际管理素质是体现大学生在人际关系方面的经营管理能力素

质，主要包括人际适应能力、应变能力、人际交往能力、社会适应能力等方面。

（4）心理动力素质

心理动力素质是体现大学生能够完成目标所要具备的心理动力素质，主要包括抱负水平、荣誉感、自我表现欲望等方面。

（5）学习心理素质

学习心理素质是体现大学生对于外界事物及理论知识的探索欲望及吸收能力的素质，主要包括学习热情、求知欲、学习毅力、进取心等方面。

（6）自我意识素质

自我意识素质是体现大学生能够接纳生理自我，不断体验并判断社会自我与心理自我过程的素质，主要包括自我接纳和自我认知等方面。

3. 心理素质的影响因素

大学生心理素质的影响因素有主观和客观两个方面，主观因素是指大学生成长过程中，生理的发育、认知的发展对心理素质形成的影响；客观因素则是指家庭、社会、教育环境等对大学生心理素质形成的影响。

（1）主观因素

①生理发育因素

大学生生理发育状况对于大学生的自我评价和接纳以及自信性格的形成具有十分重要的影响，包括身体外形、体内功能、性发育情况等方面。

②认知发展因素

大学生认知能力的发展是自我良好心理素质养成的关键因素，包括记忆能力、思维能力、想象力、学习能力等方面。

③人格发展因素

大学生人格的发展，是一个自我审视和自我与社会体验与完善的发展过程，是良好心理素质形成的必要发展因素，包括自我意识、人际关系、性格特征、道德发展、自我同一性、批判思维等方面。

④感情和意志发展要素

大学生情感的发展与意志的提高是良好心理素质形成的支持性要素，包括情绪、情感、性成熟、意志发展等方面。

⑤心理问题

大学生的心理问题是影响良好心理素质形成的强大阻碍，包括学业障碍、行为成瘾、情绪问题、品行障碍、犯罪行为、性心理问题等方面。

（2）客观因素

①家庭因素

原生家庭对大学生的心理素质成长起基础性作用，包括亲子互动、亲子关系、家庭教养方式、父母职业、父母婚姻关系、独生与否、家庭收入、家庭活动等方面。

②社会因素

社会环境对大学生自我意识的形成有重要的方向影响，包括社会文化、社会经济、价值观、公众人物、大众传媒、直接或间接社会经验、社会贫富差距等方面。

③教育因素

教育大环境和校园内部环境都对大学生的心理素质成长有不可忽视的影响，包括思想教育、心理教育、法律法规教育、教育资源分配以及学校教学设计、师生关系、校园文化、校园管理等方面。

第二节　大学生自我心理疏导

一、大学生自我心理疏导的涵义及意义

1.心理疏导

广义的心理疏导泛指心理咨询和治疗以及其他涉及人们心理活动的技术方法；狭义的心理疏导并不包括治疗技术，是一种以人本主义心理学和认知心理学为理论基础，通过言语的沟通技巧进行心理梳理、泄压、引导，改变个体的自我认知，从而提高其行为能力和改善自我发展的心理疏泄和引导方法。

心理疏导与心理咨询不同，虽然都是用言语交流的方式进行咨询或疏导，但是心理咨询用于解决一般性心理问题的调适和心理疾病的辅助治疗，带有明显的治疗倾向，而心理疏导可以用于一般性心理问题的调适，更多用于解决发展性心理调节，帮助个体解决情绪困扰和发展困扰。

2.大学生自我心理疏导

大学生的自我心理疏导是指大学生运用心理疏导理论与方法，梳理自我心理问题中的错误认知，通过缓解压力的实践方法将自己从错误认知的压力中解放出来，并通过学习吸收不同意见与思想，

去伪存真，内化为成熟、科学的认知从而引导自我做出改变，从而走出不良心理状态的方法。

3.大学生自我心理疏导的意义

大学生正处于青年期，由于其心理发展特点经常会面临学习、交友、择业、成长中的多种问题和困扰，这些都是成长中不可避免的，也正是在不断解决问题和困扰的过程中，持续更新自我意识的建立，才能使自己逐渐成长为较为成熟的社会个体。相比去做心理咨询或者找辅导员老师疏导，如果大学生自己能够掌握心理疏导的知识和方法，就能第一时间为自己找出不良心理中的问题点，并通过科学的方法帮助自己走出心理困境，是最高效且有助于自我思考、自我评价和自我成长的必要过程。当然，如果大学生面临的心理问题已经到达自己无法疏导的程度，还是应该第一时间去寻求心理专业人士的帮助。

二、大学生自我心理疏导相关理论知识

（一）经典人格心理学理论

1.精神分析学派的主要观点

（1）弗洛伊德的人格结构

弗洛伊德将人格划分为本我、自我和超我。本我是人自私的部分，指与满足个人欲望有关。人出生的时候只有一个"本我"人格结构，随着儿童与环境的相互作用，人格结构的第二部分"自我"分逐渐发展起来。自我的活动遵循现实原则，即自我的主要工作是满足本我的冲动，但要考虑采用现实情境合理的方式进行，一且无法满足本我，自我就要将这些冲动控制在无意识当中。儿童大约到了 5 岁，人格结构的第三部分"超我"开始形成，超我代表社会的、父母的价值观标准。超我对能做与不能做的事情有更多的限制，一般就是道德准则。本我、自我、超我相互补充、相互对立，健康的人格是强大的自我，其不允许本我和超我过分地掌管人格。我们每个人意识之下的某个地方，永远存在着自我放纵、考虑现实性和强制执行严格道德准则三者之间的紧张状态。

（2）埃里克森的人格发展理论

埃里克森认为，自我的基本功能是建立并保持同一感。他把同一性描述为一个复杂的内部状态，包括人关于自己的个体性、唯一性、完整性以及从过去到未来的连续性的感觉。人的青年时期正是同一性形成的重要时期，这一时期，由于逐渐到来的多重问题和困扰会让青少年造成混乱感，他们感到烦恼甚至痛苦，他们提出一个重要的问题："我是谁？"如果对这一问题的回答是成功的，他们的同一性就形成了他们能独立决定个人价值观，理解自己是怎样的人，接受并欣赏自己。但是很遗憾，有许多青少年不能形成良好的同一性，相反，他们出现了角色混乱就会很容易加入各种小团体，投身各种目标，退学，不停地换环境。

2. 物质流派和生物学流派

（1）物质流派的"乐观主义和悲观主义"

心理学研究发现，乐观与悲观不是某个特定事件给人们造成的特定态度，而是人们往往对待大多事物都有一个较为恒定的态度，这个态度影响着人们采用何种方式迎接生活中的各种挑战。心理学家把持有客观和悲观两种较为恒定的态度解决问题的情况，分别叫做"气质性乐观主义"和"防御性悲观主义"。

研究发现，气质性乐观主义和防御性悲观者运用不同的策略来应对遇到的问题。乐观主义者面对困难更可能选择积极的应对策略，即直面问题、解决问题，而悲观主义者面对困难，更可能采取回避或否认的策略。乐观主义会预期成功而不愿意去想失败，以此来逃避焦虑；悲观主义正好相反，用预期的不良后果激励自己做出应对。需要说明的是"气质性乐观主义"和"防御性悲观主义"在效能上并没有太大区别，它们截然相反却又不相上下。当然，大多数的人都不是典型的"气质性乐观主义者"和"防御性悲观主义者"，而是二者连续体中的某一点。

（2）生物学流派的"气质类型"

①胆汁质

胆汁质的人反应速度快，具有较高的反应性与主动性，情感和行为极具外显特性。他们性格开朗、热情，坦率，但脾气暴躁，好争论；情感易于冲动，但不持久；精力旺盛，经常以极大的热情从事工作，但有时缺乏耐心；思维具有一定的灵活性，但对问题的理解具有粗枝大叶、不求甚解的倾向；意志坚强、果断勇敢，注意稳定而集中但难于转移；行动利落而又敏捷，说话速度快且声音洪亮。

②多血质

多血质的人行动具有很高的反应性。这类人情感和行为动作发生得很快，变化也快，但较为温和；易于产生情感，但体验不深，善于结交朋友，容易适应新的环境；语言具有表达力和感染力，姿态活泼，表情生动，有明显的外倾性特点；机智灵敏，思维灵活，但常表现出对问题不求甚解；注意与兴趣易于转移，不稳定；在意志力方面缺乏忍耐性，毅力不强。

③黏液质

黏液质的人反应性低，情感和行为动作进行得迟缓、稳定，缺乏灵活性。这类人情绪不易发生，也不易外露，很少产生激情，遇到不愉快的事也不动声色；注意稳定、持久，但难于转移；思维灵活性较差，但比较细致，喜欢沉思；在意志力方面具有耐性，对自己的行为有较大的自制力；态度持重，好沉默寡言，办事谨慎细致，从不鲁莽，但对新的工作较难适应，行为和情绪都表现出内倾性，可塑性差。

④抑郁质

抑郁质的人有较高的感受性。这类人情感和行为动作进行得都相当缓慢，柔弱；情感容易产生，而且体验相当深刻，隐晦而不外露，易多愁善感；往往富于想象，聪明且观察力敏锐，善于观察他人观察不到的细微事物，敏感性高，思维深刻；在意志方面常表现出胆小怕事、优柔寡断，受到挫折后常心神不安，但对力所能及的工作表现出坚忍的精神；不善交往，较为孤僻，具有明显的内倾性。

以上介绍的是四种气质类型典型的表现。这四种气质类型的人如果遇到相同的事情，表现却大相径庭。在现实生活中，并不是每个人的气质都能归入某一气质类型。除少数人具有某种气质类型的典型特征之外，大多数人都偏于中间型或混合型，也就是说，他们较多地具有某一类型的特点，同时又有其他气质类型的一些特点。了解自己具有哪些气质类型的特点，就更能够精准地去克制相应的弱点，并通过突出的气质特点对自己选择学习专业、兴趣以及未来的工作作出相应的指导。

3. 人本主义流派

人本主义的演化过程较为复杂，没有明确提出的哪种方法和理论完全属于人本主义，但一般认为，强调人的责任；强调"此时此地"；从现象学角度看个体强调人的成长这四个方面是人本主义的核心内容。

（1）人的责任

与弗洛伊德和行为主义把人说成是无法自我控制的个体不同，人本主义心理学家把人看作是他们自己生活的主动构建者，可以自由地改变自己，如果不能改变，那只是因为身体上有局限。但人们自己最终要对所发生的事情负责，这将大大影响人们对某些事情做出的选择。

（2）此时此地

根据人本主义的观点，只有按生活的本来面貌去生活，才能成为心理健全的人。对过去和将来的思考虽然有益，但是多数人花费了太多的时间反省过去、计划未来，这其实是浪费时间。只有生活在此时此地，才能充分享受生活，即"活在当下"。不要被过去的经验牵绊，不要过度地计划未来，因为没有什么是一成不变的。

（3）个体的现象学

根据人本主义心理学家的观点，没有人比你更了解自己。人们遇到问题会困惑，是因为还没有真正了解自己，而听取他人的意见和建议，只是在他人指导下逐渐了解自己的过程。如果你可以权衡别人的建议，自己作出决定，那你就能解决问题。

（4）人的成长

根据人本主义心理学的观点，让所有需要立刻得到满足并不是生活的全部。人本主义理论家相信，当人们的眼前需要得到满足后，他们不会感到满意，而是会积极地寻求发展。卡尔·罗杰斯认为，这样的人就是心理健全的人。亚伯拉罕·马斯洛用"自我实现"这个词来描述这种人。当我们变得"更像我们自己，并成为自己能够成为的任何人"的时候，我们就达到了自我实现的境界。这一成长过程是人发展的自然特征。人们就在不断克服困难，追求自我实现的过程中进行成长。

（二）九型人格心灵分析工具

1. 九型人格基本概念

九型人格来自公元9世纪中亚和波斯地区兴起的神秘信仰——苏菲教，这种教义描述了人类所具有的九种性格，解释了不同性格间的相互关系。九型人格的教义认为，在人追求至高觉悟的过程中，性格将成为他们发掘自身潜力的引导者。

（1）完美型

对自己和他人都有极高的要求，追求完美，相信总有一种方法能够解决问题。有一种天生的优越感，认为自己比他人强，但因此害怕犯错而犹豫不决，拖延行动。

（2）助人型

希望获得他人的好感和认同，希望成为他人不可缺少的一部分，从中获得被爱和被欣赏的感觉。愿意满足他人的需要。具有很强的控制能力和多样的自我——能够在不同的朋友面前展示不同的自我，具有很强的吸引力，引人注目。

（3）成就型

希望通过自己的行动和成就来获得他人的爱。乐于接受竞争，追求成就感。总是把自己想象成胜利者并拥有相当的社会地位。注重外表形象，精于打扮。把真正的自我与工作角色混为一谈。看上去往往比实际上更出色。

（4）自我型

被不切实际的幻想所吸引；理想状态永远不是此时此地。性格内向、忧伤、敏感，具有艺术气质。

（5）思考型

总是在情感上与他人保持一定的距离。注重对自己隐私的保护，不愿被牵扯到别人的生活中。宁愿脱离，也不愿参与。对自己的义务和他人的需要感到疲惫。喜欢把责任和义务分清楚，不愿意接触其他人和事，也不愿去体验感情。

（6）忠诚型

用怀疑的目光看待一切，因为怀疑而害怕、疲惫。用思考代替行动，在采取行动的时候犹豫不决，害怕受到攻击。对失败的原因非常敏感。反对独裁，愿意自我牺牲，而且非常忠诚。

（7）欢乐型

像孩子一样天真的成年人，渴望永远年轻。对任何事都是一知半解，感情肤浅，爱好冒险，喜欢美食与美酒。不愿意做出承诺，总是希望拥有多种选择，总是希望处在情绪的高潮中。乐天派，喜欢前呼后拥的感觉，做事常常半途而废。

（8）领袖型

具有很强的保护能力。愿意保护自己和朋友；积极好斗、主动负责、喜欢挑战。无法控制自己，公开地发泄怒火，展示自己的力量；对于愿意站出来接受自己挑战的对手充满敬意。与别人的接触方式是通过正面交锋，容易陷入过度的生活方式，如熬夜、暴饮暴食、大声喧哗。

（9）和平型

自身充满矛盾；考虑各方观点。愿意放弃自己的观点，接受他人的想法，放弃真正的目的去做一些没必要的琐事。极易沉迷于食品、电视和酒精。对于他人的需求十分敏感，十分了解他人，对自己却不确定。为人亲切，不会直接发脾气。

2. 九型人格的实用价值

在"九型人格"的系统中，当我们的意识超越那些固有的性格特征时，我们就可以从那些限制我们的习性中走出来，进入一个更高层面的发展阶段。

（1）更加了解自己

通过对九型人格特点的学习，可以了解自己属于哪一种人格，从而进一步学习相应人格性格特点中的优缺点。当我们遇到问题时就能够从这些特点中找到问题的原因及解决办法。

（2）提升自我发展效率

研究自己的性格类型就能从那些与我们性格相似的人身上获得经验，从中发现让我们自身得到发展的条件，而不再凭感觉摸索前行，大幅提升自我发展的效率。

（3）学会换位思考

通过了解性格类型，我们可以站在他人的角度去思考问题。这种对他人的理解能力可以使我们的人际交往更加顺畅，可以使我们在工作中更能让团队合作提高效率，即为高情商的一种必要能力。

三、大学生自我心理疏导的方法及实践

1. 自我对话法

自我对话法是大学生自我心理疏导最为基础且有效解决问题的方法。遇到问题，问自己"这样做对不对？""行不行？""应该怎么做？"与自己心底最真实的想法进行沟通，从而获得对自己的心理认同的过程。这个过程看似简单，但需要大学生首先建立自我意识，充分了解自己的性格、内心，同时拥有客观思考问题的能力，如此在自己的大脑中建立起科学地看待问题，解决问题的系统。我们可以通过凡事都先对自己提问，多问为什么，在反复练习、思考的过程中，建立自我科学思想系统，用以疏导自己，解决问题。

2. 沟通交流法

沟通交流法就是通过主动与他人沟通和交流自己的困难、困惑，从中得到启发，从而自我疏导的一种方法。在与他人沟通交流的过程中，我们可以吸收不同人的观点和想法，从而打破自身思想的局限，能够从更全面的角度去看待问题、看待自己，这不仅是一个自我疏导的过程，更是一个自我提升的过程。值得注意的是，我们沟通交流的对象不要局限于同专业或者同龄的人，要拓宽交流的范围，这样才能够吸收不同思维模式和不同生活阅历的人的多重思想。

3. 阅读疏导法

读书能够使人内心平静，当你沉浸在书本中时会意外发现生活中的问题竟然能够不攻自破。当然如何通过阅读进行自我疏导，也不是说随便读什么书都可以的。我们应该带着问题去找书，然后又在读书的过程中找到自己的相似问题，从而在与作者进行思想上的沟通中，寻找到解决问题的关键。

4. 能量宣泄法

能量宣泄法是一种排解情绪，让自己的不良情绪找到出口的方法。当我们感受到自己的不良情绪时，应该正视它的存在，不能忽视，不能欺瞒。我们应该首先想办法找到出口排解出去，当感到心里轻松下来时，往往解决问题的方法也就显现了。我们可以到一个空旷的地方大喊几声，做做运动，让自己出汗，或者做一些体力劳动，甚至是大哭一场，总之只要将这种不良情绪的能量释放出去，心情就会轻松起来。

5. 注意转移法

出现问题或者不良情绪时，如果我们过分关注问题或者情绪本身，有时候反而会陷进去。当我们一时不能找到好的解决办法时，不妨转移一下自己的注意力，做一些平时很感兴趣的事情，听听喜欢的音乐，到外面走走，接触一下大自然。在做这些事情的时候，你会发现情绪逐渐得到缓解，回头再重新面对问题时就会发现它并不可怕，从而建立起解决问题的信心。

6. 换位思考法

当我们学会了换位思考后，会发现原本你无法理解的做法，现在想来是可以理解的，于是原本的矛盾就会迎刃而解。当你学会了换位思考，就会很好地经营人际关系，从而促使你形成好的心态，这是一个正向循环的过程。

7.环境调节法

大自然的景色能扩大胸怀，愉悦身心，陶冶情操。到大自然中去走一走，对于调节人的心理活动有很好的效果。心绪不好或感到心理压力大、郁闷不乐时，千万不要一个人关在屋子里生闷气。应该走出去，到环境优美、空气宜人的花园、郊外，甚至是农村的田园小路上去走一走，舒缓一下心绪，去除一些烦恼。长期处于紧张工作状态的人，定期到大自然中去放松一下，对于保持身体健康，调节身心紧张大有益处。

第三节　大学生常见心理问题解决机制

一、学习成才

（一）大学生学习特点

大学相较于高中，学习方式、学习内容等都发生了巨大的变化，具体主要体现在以下几个方面：

1.大学学习的自主性

大学的学习方式是以教师为主导，以学生为主体的自主性学习。与高中被动地接受老师传输的知识相比，大学学习更注重的是学生的主观能动性。大学老师的课堂讲授并不能涵盖所有要学习的知识，更重要的是学生对知识的消化与拓展学习，因此要求大学生更要有拓展思维，能够举一反三，并有独到的见解。

2.大学学习的多元性

大学生学习除了课堂学习的传统方式以外，还有网络学习、科学实验、社会调查、查阅文献资料等多种学习方式进行辅助学习，这种学习方式的多元性不仅能够丰富学生的学习途径，更能拓展学生的学习思维，更加强调自主学习的重要性。

3.大学学习的专业性

大学是专业教育阶段。根据学生所在专业，学校制定了针对性的教学安排、课程设置、教学内容以及培养目标，不再停留在基础学科的阶段。此时学生要以未来工作岗位所需的知识和技能为依据，进行针对性学习。当然专业性不等于单一性，大学生的学习不拘泥于某一学科或专业，而是在侧重学习本专业知识的同时，广泛涉猎各学科领域，扩大自己的知识面，才能实现"一专多能"，更好地满足社会对人才的需求。

4.大学学习的探索性

大学的学习具有研究和探索的性质。学习的内容和教学的目的已经从单纯地记住知识点、死记硬背逐渐转变为知识的应用与拓展，尤其是到了高年级，更是要探索多学科的交叉融合以及对本学科的深入探索，这对于习惯了单纯书本学习以及为了应试教育而消化知识点的学生来说，无疑是一个重要的需要转变和消化的过程。

（二）大学生常见的学习问题

1.学习动力不足

学习动力不足是指学习没有内在驱动力量，没有明确的学习方向和兴趣，不想学习，甚至厌倦学习、逃避。大学生往往由于对所学专业缺乏兴趣、社会责任感不强、价值观念不健全、自我意识不成熟等造成学习动力不足，主要表现为缺乏明确的学习目标、缺少独立自主的学习能力、对学习产生厌倦、逃避的情绪、懒惰行为、注意力不集中等特征。

2. 学习动机过强

与学习动力不足相比，学习动机过强往往是由于学生自尊心太强，过分看重荣誉，或者是想通过学习成绩弥补自己其他方面的不足、或者是对自己认识不足，高估自己导致只专注于自己的成绩或者目标，从而阻碍了正常的学习。主要表现为学习强度过大，经常处于疲惫状态、过分关心奖惩，只看重分数，而缺乏其他能力的锻炼、树立的目标过高，给自己造成较大的心理压力。

3. 学习适应不良

学习适应不良是指由于大学课程信息量大，教师教学方式与中学区别大，而学生自我意识不成熟，环境适应力差导致的不能适应大学的学习方式，听课效率低，不会制定学习计划，不能掌握大学的学习方法与拓展思维等。主要表现为依赖教师的学习安排，缺乏自主独立性、缺乏其他学习途径、对专业要求不明确等。学习适应不良在大一学生中表现明显，当然其他年级的学生中也有这样的现象存在。

4. 学习过度焦虑

焦虑是一种伴随着某种不祥预感而产生的令人不愉快的情绪，是一种复杂的充满压力感与愧疚感的情绪状态。有些学生由于学习目标不明确、学习方法不得当、平时努力不足导致学习目标无法达到，因此而产生自信心受挫、后悔没有努力、过度担忧考试等焦虑心理。主要表现为情绪烦躁、寝食不安、郁郁寡欢、精神恍惚、记忆力下降、注意力涣散等。

（三）大学生常见学习问题的调试

面对学生的这些学习问题，辅导员老师应该及时予以关心和指导，为学生调节心理问题，帮助他们找到解决学习问题的方法，尽早投入到正常的学习生活中。

1.指导学生养成良好的学习习惯

学习是持之以恒的工作，但在大学中却常见平时不努力，考试前临时抱佛脚，熬夜复习的情况。这多是由于学生学习目标不明确，只为了考试及格，没有从自身发展角度去思考学习的重要性以及方法。辅导员老师应从个人发展的角度引导学生正视学习目标，端正学习态度，平时养成良好习惯，在学习过程中才能持之以恒地保持较高的学习效率。

2.引导学生客观评价自我

研究表明，大多数的学习困难都与多次的失败经历有关，这大大打击了学生的自信心，开始否定自己，认为自己不适合学习等，但却缺乏对失败原因的思考。比如，由于对自己过高的评价，定下了不符合实际的目标才导致失败。因此辅导员老师应该引导学生学会客观评价自我，学会自我审视、自我接纳，树立学习的信心。

3.教会学生正确对待考试

有些学生过度看重考试成绩，在考试前总是给自己过大压力，导致焦虑情绪。辅导员老师应该让学生知道考试只是衡量学习好坏的手段之一，并不能全面评价一个学生的能力素质，而未来社会看重的也不仅仅是成绩单上的成绩，因此应该正确对待考试。重要的是了解学习的重要知识点在未来的应用价值，以及自己是否掌握知识点，考试是检视我们哪些知识点掌握不牢，提醒我们应该重新学习，而不是获得考试分数，学习就结束了。

4. 指导学生掌握学习技巧

埋头苦学却不掌握学习方法，往往会导致付出了很多努力，却还是学不会学不好，丧失学习信心。掌握大脑的工作原理，按照大脑记忆周期去安排学习和休息的时间往往能够事半功倍。辅导员老师应多让掌握科学学习方法的优秀学生为大家分享学习经验，让更多的学生逐渐掌握科学、合理、适合自己的学习技巧。

二、人际关系

人际关系是指通过交往形成的人与人之间的一种心理关系。大学生的人际关系是大学生在大学期间与周围有关的人相处与交往的过程中产生的心理关系。主要是师生关系、同学关系、家庭关系，以及网络人际关系。

（一）大学生人际关系的特点

由于年龄、思维以及环境的特点，大学生的人际关系存在以下特点：

1. 迫切性与开放性

与高中相比，大学学习氛围、学习方式以及生活环境等的变化使得大学生呈现出迫切的开放的交往特点。主要表现为一是交往范围扩大。交往对象不再局限于亲戚、邻居、同学这种地缘性交往，而是拓展到社会交往认识的人、其他学校的学生、网络上的人等等。二是交往频率提高。随着大学社交活动的增加，与人交往的频率显著提高，不再局限于上课与同学的交流、回家与家人的交流，还有参加社团活动、聚会联欢、结伴出游、体育活动等时的交流。三是交往方式多样性。由于现代通讯设备的发展，人与人交往不仅仅局限于交谈、通信的原始方式，网络、视频等使人与人的交往不再局限地域范围，但也往往带来交往深度有限等问题。

2. 独立性和选择性

随着大学生的成长，独立意识逐渐增强，他们会根据自己的需求和特点选择性建立交往关系。虽然大学生交往总体呈现开放式交往，但受到时间、精力、环境等的制约，还是会选择同寝室、同专业或者同乡等具有相似经历和共同学习目标的人群进行主要交往。同时由于性意识的逐渐成熟，此时大学生更多地选择与异性建立交往关系，以满足对异性的好奇与兴趣。

3. 平等性和不平衡性

当代大学生自我意识较强，对于在交往中保持独立自尊有较高要求。一方面他们追求平等的交往，彼此尊重与接纳，另一方面由于大学生来自五湖四海，地域习惯的差异导致交往又出现不平衡性。

4. 情感性和目的性

随着社会的发展变化，大学生人际交往的动机已变得很复杂。不再单纯是为了情感交流、寻觅爱情，往往也注重与自身社会利益相关的目的性交往，呈现情感型交往与目的型交往并存的状态。

5. 不稳定性和不成熟性

由于大学生心理成长与自我意识的发展尚不成熟，对于自我情绪的控制能力不强，因此此时他们的人际交往呈现不稳定性和不成熟性的特点，往往有冲动、多变等特征。

（二）大学生人际关系常见问题

1. 人际交往障碍

人际交往障碍是指在人际交往过程中由于自我认知偏差、社会认知局限、父母教养方式以及价值观的综合影响造成的人际交往质量低下。由于大学生自我认知能力尚不成熟，对自我的认知会出现偏差，过低地评价自己会产生自卑心理，在人际交往中会胆小、害羞、缺乏自信；过高地评价自己会产生自负心理，在人际交往中会有优越感，对他人要求过高、不能容忍别人缺点等，这都会大大降低人际交往的质量。

2. 人际关系冲突

人际关系冲突是指人与人在交往过程中出现的一种紧张状态。大学生人际关系冲突多是由于缺乏沟通技巧导致沟通不畅、生活习惯差异导致彼此无法理解、价值观差异导致做事的原则、底线不同而导致的冲突。当然大学生的人际冲突不仅仅出现在同学之间，还存在于老师和家长之间。

（三）大学生常见人际交往问题的调试

大学生人际交往出现问题往往是由于缺乏人际交往经验、方法和相关技巧。辅导员老师应时刻关注学生人际交往中出现的问题，并及时为学生传授人际交往经验、方法和相关技巧，以解决学生的人际交往问题。

1. 建立良好的人际交往原则

人与人之间的交往要有度的限制，也就是又交往的原则。只有建立了良好的人际交往原则，才不会出现交往对象不合适、交往方式不对等问题。良好的人际交往应该建立在平等与尊重、真诚和宽容、互助与协作、信任与信用的原则上，辅导员应该教会学生不卑不亢的人格平等与尊重交往能力；引导学生建立待人真诚、不虚伪，对他人宽容，不斤斤计较；教会学生帮助他人，与他人合作的意识；引导学生树立信任朋友与对待朋友注重信用的态度。通过建立以上良好的人际交往原则，会为学生建立良好的人际交往奠定基础。

2. 人际交往常用技巧

人际交往是彼此间相互作用由浅入深、随时间递增的一个关系，要经历以下几个阶段：互不相识、定向注意、情感探索、深入交流和稳定交往。在交往过程中，掌握一些交往技巧会帮助学生建立良好的人际关系。

（1）积极主动、建立良好形象

通过主动热情地打招呼、保持微笑的亲和力以及干净整洁的仪表仪容，可以在对方心里建立起热情、友好、整洁的印象，会让人自觉地产生亲近感，有交往的欲望。

（2）提升沟通技巧

与他人交往过程中要学会对他人表情、语言进行观察与分析，判定对方的性格特征，逐渐了解对方的优点缺点，以及兴趣爱好等，在接下来的交往中避免出现对方不喜欢的语言、交流方式等。

同时要记住对方的名字，这是尊重他人的细节，也是一种礼貌，会在对方心里得到交往加分。交往中要学会积极地倾听，不要夸夸其谈，对于对方的谈话要做出积极回应。学会赞赏不是虚伪牵强地赞美，而是由衷地赞赏，只要对方哪些地方做得好，做得对，做得比自己好，就不要你的赞赏，这会使对方产生愉快的情绪，从而使交往更加和谐。学会婉转地拒绝，如果因为不好意思不懂拒绝，你会在这段关系中越来越疲惫。当交往中确实出现拒绝需求的时候，要学会婉转地拒绝，说明自己拒绝的原因，并帮助对方提供其他意见，这样对方不仅可以理解你的立场，更能体会你的真诚。

（3）解决人际冲突

当人际冲突发生时，上面的交往技巧往往不能适用，我们需要一些解决冲突的策略。辅导员老师应该与学生及时谈话，了解学生对冲突事件的想法，此时的想法往往是愤怒的、不理性的，然后带领学生观察按照他的想法会发生的后果，最终反驳他的想法，后重新建立人际交往的信心与方式。同时辅导员老师应循序渐进地引导错误的一方真诚地道歉，并告知道歉并不丢脸，这往往是解决人际冲突中关键的一环。

三、情绪管理

情绪是以个体愿望和需要为中介的一种心理活动，是对自身需要是否得到满足的一种主观体验。需求得到满足，会产生满足、快乐等正性情绪，反之则会产生失落、受挫等负性情绪。

（一）大学生情绪的特点

大学生正处于青年中期，具有青年人共有的情绪特点，如热情、活泼、思维敏捷、接受新事物能力强、自我意识强烈等，同时大学生正处于自我意识的发展阶段，因此情绪多有两面性的结合与过渡特点：

1.稳定性与波动性

大学生的情绪情感与青少年相比日趋稳定，但与成年人相比成熟度、控制力尚不足，还是存在波动性。

2.外显性与内隐性

大学生尚处于青春期，遇到事情一般会反应强烈，情绪的变化都在表情、言语和行为中外显出来。当然有时也会刻意把自己的情绪隐藏起来，不想让他人洞悉，尤其是面对家长和老师时情绪的外在表现与内心体验不一致。

3.冲动性与理智性

大学生是充满激情与冲动的人群，可能会对某件事某个人表现出狂热地追求，也有可能因为一点点小事而大打出手。但是经过自我意识的逐渐成长与发展，这种冲动会有所减弱，理智的情感、自我控制情绪的能力会逐渐提高。

4.矛盾性与复杂性

大部分大学生都是第一次过集体生活，需要独立面对生活中的问题和困难，因此常常呈现出矛盾和复杂的情绪。既想要独立面对，又想要依靠他人的帮助；既想自己有所改变，又不想承担改变带来的痛苦等。

（二）大学生常见的情绪困扰

1. 焦虑

焦虑是个体主观上预料将会有某种不良后果产生的不安感，是紧张、害怕、担忧混合的情绪体验。大学生常见于的焦虑有考试焦虑等学习焦虑，此外还有自我形象焦虑、社交焦虑和就业焦虑等。这些情绪正是大学生还不能很好接纳自我、不能很好地处理人际关系以及处理就业压力所造成的焦虑情绪困扰。

2. 抑郁

抑郁是大学生常见的情绪问题，是一种感觉无力对抗外界压力的消极情绪。一般表现为闷闷不乐、心情低落、压抑、沮丧，对生活、学习和工作都丧失信心和兴趣。如挂科、失恋、人际问题等出现时，有些学生无法排解便出现了抑郁情绪。但是随着问题的解决或者时间的流逝，大部分人的抑郁情绪会逐渐减弱或者消失，也有个别人会长期处于抑郁情绪的状态下从而引发抑郁症。抑郁症患者会对生活中的一切失去兴趣，回避与人交往，十分悲观，注意力不集中、记忆力减退、思维迟缓、失眠、食欲下降等。抑郁症是导致大学生自杀的常见原因，因此应重视抑郁情绪的排解，一旦发现学生出现抑郁症的症状，就要多加注意，及时送其就医。

3. 愤怒

愤怒是由于客观事物与人的主观愿望相违背，或期望无法实现时，人们内心产生的一种十分强烈的情绪反应。心理学研究表明，愤怒会使人的自制力减弱甚至丧失，思维受阻、行为冲动，从而做出一些事后后悔不已的蠢事或造成不可挽回的损失。大学生正处于青春期，容易冲动，遇事易产生愤怒的消极情绪，因此如何控制愤怒情绪，是大学生成长的必修课。

4.嫉妒

嫉妒是指因他人在某些方面胜过自己而引起的不快甚至是痛苦的情绪体验。嫉妒发生在与人比较之中，在集体生活的大学中普遍存在。具体表现为当看到他人某些方面胜过自己时，产生愤怒、不平的情绪；当看到他人遇到困难时则幸灾乐祸，甚至恶语中伤。嫉妒是一种情绪障碍，阻碍人与人之间的正常交往，扭曲人的心灵，给大学生的成长带来重大的伤害。

（三）大学生情绪困扰的调试

一个人拥有健康的情绪主要体现在能够保持积极乐观的心态、接纳自己的情绪变化、善于及时调整不良心态、宽容别人并掌握有效的情绪调试方法。辅导员应该多引导学生学习和掌握情绪的调节方法，建立健康的情绪环境。

1.情绪接纳法

人有好的情绪也有坏的情绪，这是很自然很正常的事情，想要排解不良情绪，首先要接纳自己的情绪。无论好的情绪还是坏的情绪都要直面它，不要因为产生坏的情绪而觉得丢脸，也不要拒绝承认自己产生了坏情绪，而去压抑它，这样只能够让坏情绪的破坏力不断积压，最终决堤而出。当接纳了坏情绪时，知道自己生气愤怒了，就会去寻找生气愤怒的原因，然后找到解决办法。

2.疏导宣泄法

人们遇到不良情绪时往往采用三种处理方法：一种是忍，把情绪藏在心里；一种是发，把坏情绪发泄出来；一种是逃，就是将自己的注意力转移，从而不去想起引起坏情绪的事情。这三种处理方法中，忍最不可取，忍会让坏情绪在心底不断挤压，最终决堤，后果不堪设想；逃，短时间内有效，但是如果不真正找到情绪的问题点，最终还是需要面对不良情绪；发，如果方法得当，学会合理疏导宣泄自己的坏情绪，在不伤害他人的前提下，让自己从坏的情绪中解脱出来，从而情绪放松下来，更易于解决问题。

3. 活动转移法

活动转移法就是当人处于情绪困境中时，暂时放下消极情绪，去做自己喜爱的活动以转变情绪体验，从而达到调控情绪的目的。此种方法不是逃避情绪，而是通过情绪转化，让坏情绪得到缓解的一种方法。

4. 认知改变法

宣泄法和活动转移法都只能在一定程度上缓解不良情绪，但却无法根除不良情绪。只有改变自己的认知，改变造成困扰的看待问题的看法，才能从根本上消除不良情绪。因此当遇到不良情绪的时候，要通过宣泄法或活动转移法，暂时缓解不良情绪，然后去认真审视不良情绪的诱因，从而重新观察自己的内心，与自己对话，去改变认知，学会宽容，学会站在他人立场想问题，从而逐渐形成成熟的自我意识，从根本上消除不良情绪。

四、恋爱交友

大学生由于性生理和性心理开始成熟，对异性接触与了解的欲望逐渐增强，对爱情的渴望和追求逐渐萌发。但由于他们恋爱的特点、自身心理发展的限制等问题，会导致在恋爱过程中出现各种问题，十分影响学习与自我发展。

（一）大学生恋爱的特点

1. 浪漫理想化

由于大学生还未进入社会，对家庭、社会以及现实生活的体验还不够强烈与深刻，因此大学生的恋爱一般都停留在彼此爱慕，浪漫交往的基础上，对于结婚、建立家庭、生儿育女一般不作考虑和讨论，因此当面临毕业去向等现实问题时，往往容易出现动摇甚至分手的心理。

2. 目的多样化

恋爱本来应该基于双方强烈的吸引力和愉悦情感体验而产生，但是由于大学生特殊的阶段，让他们处于对爱情的期待和外部恋爱氛围的影响之中，因此大学生谈恋爱的目的就变得不再单纯是彼此吸引，有的是为了体验恋爱、有的是为了找到一起学习的伴侣、有的是因为空虚寂寞、有的甚至是为了攀比。

3. 自主性强

由于大学生独立自主意识得到强化发展，因此大学生谈恋爱一般都是自己做主，不会征求彼此父母的意见，显示出较强的自主性。

4. 自控力、耐挫力较弱

由于大学生人格发展尚不完全成熟、社会经验缺乏，对自我情绪的控制力不强，因此一旦陷入热恋中，往往无法用理智驾驭情感，过分依赖恋爱对象。一旦恋爱过程发生波折，就会出现情绪失控，痛苦不堪等情绪，对学习、生活和自身发展产生严重影响。

5. 婚恋观开放化

随着社会观念的逐渐开放，大学生的恋爱观念也日益开放。大学里的恋人常常拥抱、接吻不避讳他人，有的同学对婚前性行为持认可或宽容态度，还有一些有过婚前性行为。

（二）大学生在恋爱交友方面的常见心理问题

1. 单恋

单恋又称单相思，是指异性关系中的一方倾心于另一方却不被对方知晓，或者明知对方不喜欢自己却仍然喜欢对方，由此造成的一厢情愿或对恋爱对象渴望的现象。单恋通常有两种形式：一种是内心爱慕却因害怕拒绝而不愿表露出来；另一种则是在与异性交往中，误认为对方对自己"有意"，或者把友情误认为爱情等。这种认知和情感的失误会让某些学生陷入痛苦的境地，严重影响正常的学习生活，同时对单恋的对象也会产生不良影响，因此辅导员老师对于陷入单恋的学生应及早进行思想引导，让他们走出不良心理状态。

2. 多角恋

多角恋是指一个人同时被两个或两个以上的异性追求，或者自己同时追求两个或两个以上的异性并建立了恋爱关系，最为常见的是三角恋爱。多角恋是大学生产生爱情纠纷的主要原因，由于爱情具有排他性，陷入这样的爱情纠葛会给当事人造成极大的痛苦，甚至会导致意外事件的发生。

3. 网恋

网恋是指在虚拟的网络世界，以恋爱为目的，以恋人身份在网上共同生活、经营情感的一种恋爱关系。但因为网络具有虚拟性、隐蔽性和时空无限性，因此网恋具有欺骗性，不真实性，往往会"见光死"。沉迷于网恋会给学生带来不真实的心理体验，从而影响对现实生活的判断。

4. 失恋

失恋是指恋爱过程的中断，即恋爱挫折。失恋带来的难堪、悲伤、痛苦、绝望、忧郁、焦虑等情绪使当事人受到伤害，是人生中最严重的心理挫折之一。失恋所引发的消极情绪若不及时地排除转移，容易导致失恋者陷入忧郁、自卑的情绪中，严重者甚至采取报复手段乃至自杀。

（三）大学生常见恋爱问题的心理辅导

1. 引导大学生正确认知爱情真谛，矫正盲目恋爱动机

辅导员可以通过启发式谈话，引导学生自己发现问题。着重引导他们认识爱情的真谛是尊重和理解，是给予非得到，爱情需要彼此有共同的人生志向。爱情不是占有，更多的是尊重彼此独立的人格和生活。要引导学生发现自己选择恋爱的真正动机，矫正攀比、仅仅为了抚平上一次失恋伤痕等不良的恋爱动机，使他们认识到自己对于父母、家庭、国家和社会的责任。要引导学生自觉把恋爱同高远的人生观相结合，提高责任感，增强道德责任意识，慎重对待恋爱问题。

2. 引导大学生树立正确恋爱观，纠正恋爱认知偏差

由于大学生恋爱观不成熟，在恋爱中存在一些认知偏差，产生不健康的恋爱关系或者恋爱心理，因此辅导员应站在学生的角度，

给他们分析出现的问题和偏差，帮助树立正确恋爱观，纠正恋爱认知的偏差。辅导员提倡志同道合的爱情，引导学生在恋爱中朝着共同的人生志向而努力，摆正爱情与人生的关系，不能把爱情看作生活的全部，而应把学业和成长摆在首位；要引导学生在爱情中学会理解、责任和奉献，而不是单纯体验爱情的快乐；要矫正单恋、三角恋、婚前性行为的不良认知，帮助学生走出不良恋爱问题的误区。

3. 引导大学生主动培养爱的能力，提高恋爱挫折心理承受力

处在恋爱中的学生会存在一些心理问题，没有处在恋爱中的学生有很多也处于不敢表白，不敢接受爱，或者不知如何拒绝爱的烦恼中，辅导员应该引导学生主动培养爱与被爱的能力，遇到真正的爱人应该大胆表白，对于喜欢的人的表白应该大胆接受，对于不喜欢的人的表白要干脆地拒绝。恋爱是美好而光明的，学会爱自己才能爱他人。同时对于失恋的同学，辅导员要给予更多的关心，引导他们在爱情受挫后，用理智驾驭感情，总结经验教训，寻找解决问题的方法和途径，在新的追求中确认和实现自己的价值，提高自己的心理承受能力和认识水平。不能因为失恋荒废所有，要做到失恋不失志、不失德。恋爱是平等自愿的，任何一方不能强求。做不成情人便是仇人的报复、嫉妒心理，是导致错误行为的根源。一旦造成恶果，必然害人又害己。失恋后可通过适当的情绪调节、宣泄和转移来缓解痛苦。

五、求职择业

(一) 择业心理的概念

择业心理是指在选择职业的过程中，对职业与自身的兴趣、能力、性格、价值观等方面的认识、了解，以及在选择职业过程中的判断与决策。大学生择业心理是指大学生在毕业选择职业时表现出来的各种心理状态与特征的总和。

由于大学生没有社会经验，对未来职业了解不够充分，因此在择业过程中会出现决策困难、焦虑等心理，为了能够更加科学合理地选择未来职业，大学生应该尽早学习职业生涯规划相关知识与技能，了解自己的职业兴趣类型、所具备的能力、性格特征及价值观等因素，在择业中做出科学的判断与决策。

(二) 大学生求职择业常见的心理问题

1. 择业自负心理

择业自负心理指的是大学生在即将毕业时，对自己的成绩和能力估计过高，为自己制定了不切实际、好高骛远的职业目标，导致择业不理想甚至失败，产生失落、烦躁、抑郁等心理现象。

2. 择业自卑心理

与择业自负心理相对应，有些大学生在择业时，过分低估自己的成绩与能力，尤其是在几次面试无果的情况下，产生了自卑心理，进而更加不敢去表现自己、推销自己，错过其他择业机会的心理现象。

3. 择业焦虑心理

择业焦虑心理是大学生在择业时，不知道是否应该选择离家远的公司、投了简历后担心是否能够面试的机会、面试通过后又担忧是否能适应工作生活与环境等，一系列焦虑情绪接踵而至。当然大部分人都会随着毕业工作，逐渐淡忘这种焦虑情绪，但是也有一些性格内向，成绩不佳的大学生焦虑感过强，忧心忡忡、紧张烦躁，严重影响择业。

4. 择业依赖心理

择业依赖心理发生在缺乏独立意识的大学生身上，他们要么是在择业时，没有自己的想法，而是跟随大多数人的选择，并不思考这种选择是否适合自己，或者不会积极主动地找工作，而是等待家人朋友给提供就业机会，这种状态在未来社会竞争激烈的大环境下，很难有良好发展。

（三）大学生求职择业常见心理问题的调试

1. 做好职业生涯规划

大多数的高校都为大三学生开设"职业生涯规划"课程，学生通过课程可以认识自我，找到性格与职业的关系、兴趣与职业的关系、能力与职业的关系并学会对社会环境、行业情况、职业特点、家庭环境等因素进行科学分析，从而确定自己的职业生涯规划目标，这样当毕业择业大潮来临时，才能够处变不惊地去面对，并避免一些不良情绪的发生。

2. 择业不良心理的调试

大学生择业过程中一般会出现择业自负、择业自卑、择业焦虑和择业依赖等不良心理问题，针对这些问题应该及时进行心理调整，摆脱不良心理状态，重新调整择业目标，进而找到合适的职业。

（1）全面客观的自我评价

当出现择业心理问题时，首要出现的问题就是对自己没有客观的评价和认识。我们应该静下心来问自己，我是什么性格？我的优势和劣势是什么？我的兴趣方向是什么，结合自己的所学专业等进行科学分析，综合研究出适合自己的职业目标，避免高不成低不就。

（2）科学分析社会环境与职业发展前景

社会大环境以及职业发展的状况将制约大学生择业，如全球经济危机可能导致很多职业发展状况不佳，或者目前社会上一些新兴职业发展很旺，但是前景不好预测，因此在择业时应该从职业长远发展来考虑，不能只考虑眼前状况与利益。

（3）排解焦虑情绪

当出现就业焦虑情绪时，要采用合理宣泄法及时排解，同时学会松弛练习法，即通过瑜伽、冥想等在心理和躯体上放松，缓解焦虑情绪。当不急于求成，学会任何事情慢慢来的时候，焦虑情绪自然就得到了缓解。

六、生命教育

生命教育是对大学生进行生命与健康、生命与安全、生命与成长、生命与价值和生命与关怀的教育，帮助和引导大学生正确处理个人、社会和自然之间的关系，使大学生学习并掌握生存的技能，认识、感悟生命的意义和价值，引导大学生加深对自身、对他人和对其他生命的尊重、敬畏与热爱之情，提升大学生对生命价值与人生态度的深刻认识。

（一）生命教育的内涵与意义

1. 生命教育的内涵

生命是物质存在与精神意志的统一，人的肉身存在是生命存在的基础与前提，而人的精神意志，包括思想、情感、认知等等是生命的精神存在形式。如果没有了肉身，人的精神意志就没有载体，如果没有精神意志，人只有肉身就成为了行尸走肉。人是社会的人，社会是人的存在形式，因此人的生命是社会生命。

所谓生命教育，就是引导学生正确认识人的价值、人的生命，理解生命与生活的真正意义。广义的生命教育是一种全人培养的教育，从肯定、珍惜个人自我生命价值，到他人、社会乃至自然、宇宙的价值，并涉及生死尊严、信仰问题的探讨，包括生死观教育、人生哲学教育、情绪辅导教育、创造思考教育、终身学习教育、生活伦理教育、两性教育、公民道德教育、环境教育等多方面。狭义的生命教育是一种人生观的教育，教育学生认识生命、尊重生命、热爱生命，进而珍惜生命。

2. 大学生生命教育的意义

大学生生命教育是保证大学生健康成长的客观要求和现实需要，帮助大学生了解生命的来之不易，激发大学生对自己生命的珍惜与热爱，以正确的态度看待人生问题，以积极的态度迎接生活。

（1）促进大学生健康成长

大学生正处于青春中后期，自我意识正在逐渐发展，但还没有成熟，因此情感意志都相对脆弱。开展生命教育可以让大学生深刻理解生命的价值、意义，在珍惜、关爱自己身体的同时，注重生命的意义和价值。学会给自己的人生做规划，朝着目标努力，不断完善自我、提升自我。

（2）帮助大学生正确面对压力与挫折

大学生群体大多面临着学习、人际、就业压力，同时还要随时面对生活中的各种挫折，如成绩不理想、人际交往问题、失恋、找不到工作等，无法承受压力与挫折的学生可能会选择自杀这样的极端方法，这正是缺少生命教育的结果。通过生命教育，帮助大学生掌握一定的心理学知识，学会面对压力自我解压，掌握面对挫折自我应对的能力，同时要珍爱生命，不能轻易有结束生命的想法。任何困难通过努力和他人帮助都是可以解决的，但一旦生命结束，一切就无法改变了，真正的人生就是要不断奋斗和拼搏，在失败和成功中寻求生命的意义。

（3）帮助大学生正确接纳自我

生命教育中很重要的内容是教大学生如何认识自我、探索自我、评价自我。大学生在自我认识的过程中，能够认识到生命的特殊性，每一个生命都是独特的个体，有着自己的优点和缺点，不要因为自己的缺点而自卑，也不要因为自己的优点而骄傲。应该不断学习，改善自身的缺点，将自己的优点发挥到极致。同时，学会正确地看待客观世界，逐渐建立正确的自我意识。

（二）大学生生命教育的主要内容

1.生存信念教育

生存信念是一个人以实际生活价值为引导，想要生存下去的内在精神动力。生存信念教育首先要引导学生理解生命价值中的幸福要义，并建立自身追求幸福的精神信念。要学会提升感知幸福的能力、对幸福的渴望以及追求幸福的不竭动力。

2.生命价值教育

生命价值包含自我价值和社会价值两个方面。自我价值表现为个体存在的意义、个体需求的满足和社会对个体的尊重和满足；社会价值则表现为个体对社会需求的满足和对社会进步的贡献。生命价值教育就是要协助大学生了解人生的意义、目的、价值，进而珍惜生命和人生，尊重自己、他人、环境及自然，过有意义的人生，并充分发展自我功能，贡献他人和社会。

3.生命发展教育

人的生命过程是生理发展与心理发展协同进行的过程。生命发展教育是引导学生正确认识自我生理发展、心理发展的过程。通过不断自我认识，挖掘自身潜能，培养发展能力，提升生命的价值和意义。让学生认识到通过学习和努力，自我可以不断发展从而实现个人生价值和社会价值，追求到生命幸福的最终价值目标，是提升生命质量的教育。

（三）大学生心理危机的预防与干预

生命教育的目的是让大学生能够学习生命生存、生命价值和生命发展的内容，掌握生存技能，理解个人、社会和自然之间的关系，提升大学生对生命价值与人生态度的深刻认识。但受到学生学习能力、环节等的限制，有些学生还不能完全掌握生命教育的内容，对自身的把握不够准确，解决困难与困惑的能力也还不理想，这时候就会出现学生心理危机情况，因此生命教育中对大学生心理危机的预防和干预也是十分重要的一环。

大学生心理危机的预防与干预应以预防为主。预防是前提，是基础，也是关键。只有把预防工作做实做好，才能有效地防止心理危机及恶性事件的发生，当事件发生时，要第一时间进行干预，避免不良后果的发生。

1. 大学生心理危机的预防

（1）防范

利用各种教育形式向学生传授心理危机的基本常识，学会辨别心理危机现象，增强遇到心理危机事件助人的意识和能力。同时通过心理健康课程等多种教育形式，帮助学生完善心理品质和意志，提高对抗挫折和压力的能力，并在社会实践活动中让学生亲身感受挫折、经受考验、锤炼意志、提高能力。

（2）预警

大学生容易引发心理危机的高危时段包括学习、生活环境变化以后（如新生入学、改换专业、调换班级与寝室等）；重要考试前和成绩公布后；评优选干的前后、受到惩处之时；群体或个体性突发事件（或重大变故）发生后；发生严重冲突以后；与学生自身利益密切相关的规定、措施出台（调整）后；毕业前夕、求职期间等。高校应对可能发生的心理危机进行预报与监管，把心理危机控制、消除于危机发生的早期。根据刺激源、情绪变化、行为表现和生理反应四项内容教给学生辨别心理危机的征兆，从而第一时间发现并报告辅导员老师及学校心理专业咨询老师予以接下来的干预。

2. 大学生心理危机的干预

干预心理危机是指心理危机发生后进行的"情绪急救"。有效的危机干预既要具备快速的反应机制和干预通道，又要具备有力的管理措施和科学的干预技术。高校对辅导员老师和大学生都要进行心理危机干预的培训。要做到危机发生时，首先保证心理危机人员与被波及人员的生命安全，通过安全通道快速转移给专业人员进行干预处理。在干预、处理危机过程中，学校要关心、保护学生的眼前和长远利益，充分体现人性化和人道主义原则。

参考文献

[1] 中共中央马克思恩格斯列宁斯大林著作编译局译 . 马克思恩格斯文集 (第 2 卷)[M]. 北京 : 人民出版社 ,2009.

[2] 中共中央马克思恩格斯列宁斯大林著作编译局译 . 马克思恩格斯文集 (第 9 卷)[M]. 北京 : 人民出版社 ,2009.

[3] 马克思 , 恩格斯 . 马克思恩格斯选集 : 第一卷 [M]. 北京 : 人民出版社 ,2012.

[4] 马克思 , 恩格斯 . 马克思恩格斯选集 : 第三卷 [M]. 北京 : 人民出版社 ,2012.

[5] 列宁 . 列宁专题文集论辩证唯物主义和历史唯物主义 [M]. 北京 : 人民出版社 ,2009.

[6] 中共中央党史和文献研究院 . 十八大以来重要文献选编 (中)[M]. 北京 : 中央文献出版社 ,2016.

[7] 中共中央党史和文献研究院 . 十八大以来重要文献选编 (下)[M]. 北京 : 中央文献出版社 ,2018.

[8] 中共中央党史和文献研究院 . 十九大以来重要文献选编 (中)[M]. 北京 : 中央文献出版社 ,2021.

[9] 亚里士多德·尼各马可.伦理学 [M].廖中白,译.北京商务印书馆,2003.

[10] 黑格尔.小逻辑 [M].贺麟译.北京:商务印书馆,1980.

[11] 骆郁廷.精神动力论 [M].武汉:武汉大学出版社,2003.

[12] 祁新荣,汪建.思想道德修养和法律基础 [M].南京:南京大学出版社,2006.

[13] 习近平.在同各界优秀青年代表座谈时的讲话 [N].人民日报,2013-05-05.

[14] 习近平.在全国宣传思想工作会议上的讲话 [N].人民日报,2013-08-23(002).

[15] 习近平.青年要自觉践行社会主义核心价值观——在北京大学师生座谈会上的讲话 [N].人民日报,2014-05-05(002).

[16] 习近平.决胜全面建成小康社会夺取新时代中国特色社会主义伟大胜利——在中国共产党第十九次全国代表大会上的报告 [N].人民日报,2017-10-28(001).

[17] 习近平.高举中国特色社会主义伟大旗帜 为全面建设社会主义现代化国家而团结奋斗——在中国共产党第二十次全国代表大会上的报告 [N].人民日报,2022-10-26(001).

[18] 翟博.加强中华优秀传统文化教育 [N].中国教育报,2017-08-31.

[19] 魏华.浅谈大学生世界观形成的影响因素与对策 [J].青年探索,2009(03):25-27.

[20] 陈茹.关于当代大学生建立正确的人生观与价值观 [J].科技视界,2013(5).

[21] 马绍孟 . 学习马克思主义经典著作 坚持马克思主义指导地位 [J]. 思想理论教育导刊 ,2012(11):17-20.

[22] 冯留建 , 刘国瑞 . 新时代高校思想政治教育内容创新研究 [J]. 学校党建与思想教育 ,2018(14):4-8.

[23] 高翠翠 , 王东维 . 邓小平理想信念理论的当代价值 [J]. 传承 ,2015,(09):23-25.

[24] 吴潜涛 . 正确理解理想信念的科学含义 [J]. 教学与研究 ,2011(4)5-9.

[25] 张坤 . 当代大学生社会公德意识淡化的原因分析与对策探讨 [J]. 吉林省教育学院学报 (下旬),2014(5):15-16.

[26] 谭成才 . 论当代大学生社会责任意识缺失的现状、成因及对策 [J]. 东北亚经济研究 ,2015(6):65-67.

[27] 陆辉 . 论新时代大学生法治意识的培养 [J]. 学校党建与思想教育 ,2020(06):52-55.

[28] 高志华 . 当代大学生法治思维培育的意义与路径 [J]. 中国高等教育 ,2019.11：50-52.

[29] 王常静 . 当代大学生法治思维养成研究 [J]. 学校党建与思想教育 ,2017,(22):53-54.

[30] 邹欢艳 . 风险社会视阈下大学生法治思维培育刍见 [J]. 学校党建与思想教育 ,2017,(22):50-52.

[31] 舒心心 , 包桂芹 . 马克思主义哲学实践观的内涵及其理论意义 [J]. 内蒙古民族大学学报 (社会科学版),2004(4).

[32] 贾令岚 . 马克思主义的科学实践观及现实意义 [J]. 科教导刊 (下旬),2018,(33):152-153.

[33] 朱耀 . 大学生法治精神培育研究 [D]. 南昌大学 ,2016.

[34] 李雪章 . 当代中国大学生精神动力培育研究 [D]. 昆明 : 云南大学 ,2016.

[35] 侯莲梅 . 新时代大学生中国精神培育研究 [D]. 西安电子科技大学 ,2020.

后　记

　　本书以习近平总书记关于青年教育及高校思想政治工作的系列讲话为指导，运用马克思主义原理和高校思想政治教育的基本理论知识，对新时代高校思想教育内容进行创新研究，探索新时代高校思想教育内容体系，从而不断提高高校思想政治教育工作针对性和实效性。

　　本书作者长期工作在高校思想政治教育工作的一线，对高校思想政治教育理论研究和实践探索有较为丰富的经验。本书由沈阳建筑大学寇福生、孙作青共同起草写作大纲并撰写了主要内容。沈阳建筑大学的丁文婷、王子一、卢秋野、冯香媛、刘阳、刘小淇、李思、何旷怡、宋琳奇、金宁、张宇、张雨晴、金圣皓、赵诗雨、黄子彧、韩仲旭、曹旭、曹岩龙等教师和研究生对本书也有一定贡献，在此表示衷心感谢。

　　限于作者的水平，书中难免有不妥之处，恳请同行、专家、学者和读者批评指正。